LAÇOS E *NÓS*

Dados Internacionais de Catalogação na Publicação (CIP)
(Câmara Brasileira do Livro, SP, Brasil)

Cardella, Beatriz Helena Paranhos
  Laços e nós : amor e intimidade nas relações humanas / Beatriz Helena Paranhos Cardella. – São Paulo : Ágora, 2009.

  Bibliografia.
  ISBN 978-85-7183-049-3

  1. Amor – Aspectos psicológicos 2. Intimidade (Psicologia) 3. Psicoterapia 4. Relações humanas 5. Relações interpessoais I. Título.

09-01804   CDD-152.41

Índice para catálogo sistemático:

1. Relações amorosas : Psicoterapia :
Psicologia 152.41

Compre em lugar de fotocopiar.
Cada real que você dá por um livro recompensa seus autores
e os convida a produzir mais sobre o tema;
incentiva seus editores a encomendar, traduzir e publicar
outras obras sobre o assunto;
e paga aos livreiros por estocar e levar até você livros
para a sua informação e o seu entretenimento.
Cada real que você dá pela fotocópia não autorizada de um livro
financia o crime
e ajuda a matar a produção intelectual de seu país.

Beatriz Helena Paranhos Cardella

LAÇOS E *NÓS*

amor e intimidade nas relações humanas

LAÇOS E NÓS
Amor e intimidade nas relações humanas
Copyright © 2009 by Beatriz Helena Paranhos Cardella
Direitos desta edição reservados por Summus Editorial

Editora executiva: **Soraia Bini Cury**
Editoras assistentes: **Andressa Bezerra e Bibiana Leme**
Capa: **Bárbara Rocha/Finno Design**
Projeto gráfico: **Raquel Coelho/Casa de Idéias**
Diagramação: **Elis Nunes/Casa de Idéias**

5ª reimpressão, 2025

Editora Ágora
Departamento editorial
Rua Itapicuru, 613 – 7º andar
05006-000 – São Paulo – SP
Fone: (11) 3872-3322
http://www.editoraagora.com.br
e-mail: agora@editoraagora.com.br

Atendimento ao consumidor
Summus Editorial
Fone: (11) 3865-9890

Vendas por atacado
Fone: (11) 3873-8638
e-mail: vendas@summus.com.br

Impresso no Brasil

Dedico este livro ao amor de minha vida.
Este livro é colheita de nosso encontro.

Agradecimentos

Minha gratidão aos meus pacientes, mestres carinhosos da coragem e da humildade, que me ofertam amor, respeito e confiança e me possibilitam realizar a minha vocação. Ao permitir que eu adentre seus espaços mais delicados, vocês tornam a minha alma mais terna e humana. Essa dádiva é sagrada.

Agradeço aos meus alunos-colegas dos Grupos de Estudos de Temas Clínicos: Ana Lúcia, Taís, Karen, Ivany, Waléria, Renatas, Letícia, Priscilla, Carla, Max, Daisy, Tatiana, Laura, Daniel, Cilene, Marta, Mariana, Aurymeire, Veruska, Fernanda, Adriana e Tathiany. Vocês são meus grandes companheiros. Obrigada por sua generosidade, delicadeza e atenção. Com vocês, percorro o fascinante caminho da compreensão da alma humana e sinto-me profundamente acompanhada. Estar com vocês é sempre uma alegria!

Minha gratidão aos meus colegas Anita, Cecília, Carmen Célia, Myriam, Susana e Max. Obrigada pelas conversas na cozinha, pelos sorrisos no corredor, pelos silêncios respeitosos, pelo café com biscoitos, pelas flores e pelo cheiro de lavanda. Vocês tornam nosso lugar de ofício uma morada humana.

Meu reconhecimento a Valéria, Cecília e Edgard, pela leitura cuidadosa, por ofertar seu tempo, sua atenção e sua sabedoria. Vocês tornaram este trabalho mais rico e profundo.

Ao Tony, sempre presente.

Há muito de vocês neste livro, pois moram dentro de mim.

Laços e Nós

Quando nos encontramos,
Descobrimos pontas,
Permitimos dobras,
Revelamos avessos,
Suportamos ruídos,
Aparamos arestas,
Desatamos nós,
Retiramos espinhos
E, feridos,
Despencamos no abismo.
Perdi o chão, o rumo, o prumo,
Mas com surpresa e espanto,
Na escuridão da queda,
Ouvi meu nome
E pronunciei o seu.
Toquei suas pontas soltas,
Dançamos no vazio,
Escutamos o silêncio profundo
E misteriosamente
Pousamos no colo do Infinito,
Que ternamente,
Como uma criança,
Desenhava laços,
Sob a luz do amanhecer.
E, como gratidão
Por nosso humilde consentimento,
Apanhou sorrindo nossas pontas humanas
E revelou-nos
O Amor.

Quem é você, meu amor, que veio para mim e fez do meu sofrimento o seu sofrimento, da minha felicidade a sua felicidade, da minha vida e morte a sua vida e morte?

MEDITAÇÃO VIETNAMITA

Sumário

Prefácio 13

Introdução 17

PARTE I – As relações amorosas na
contemporaneidade 23

O sonho e o anseio da experiência amorosa 25

O amor e a intimidade no mundo contemporâneo 31

O casamento hoje 44

PARTE II – A intimidade 53

A intimidade como lugar: a morada do nós 55

A intimidade e o tempo: a experiência
e o amadurecimento 62

O desenvolvimento da intimidade 65

PARTE III – As facetas da intimidade 91

O acolhimento e a aceitação 93

A sensibilidade e a presença 97

Os afetos: as emoções e os sentimentos 102

A sombra 111

A liberdade: a escolha e a renúncia 119

A responsabilidade 125

A criatividade e a singularidade 128

A solidão e a quietude 131

A espontaneidade 134

A compreensão e a lucidez 136

O respeito: o convívio com as diferenças
e os conflitos 138

A humildade 147

O crescimento 149

O perdão 151

A gratidão: a tradição e a memória ancestral 153

A leveza e o humor 158

A sexualidade 161

O sentido da existência e a relação com o sagrado 165

A maturidade e o envelhecimento 168

PARTE IV – Laços, nós e a travessia do sofrimento:
uma palavra sobre ajuda e relações terapêuticas 175

Algumas reflexões sobre ajuda
e relações terapêuticas 177

Referências bibliográficas 189

Prefácio

Neste momento de "escassez amorosa", este livro pode ser considerado um tratado teórico-prático sobre o amor em sua dinâmica e importância. Um verdadeiro convite para um caminhar compartilhado de reflexões sobre a relação amorosa entre os seres humanos! Certamente, uma epistemologia do amor.

Obra importante para jovens despreparados, inexperientes, com expectativas quiçá inadequadas e na iminência de adentrar o campo das relações amorosas. Obra igualmente importante para adultos que, já no meio dessa jornada, estejam com visões distorcidas, com comportamentos e expectativas não coerentes com todo o processo. Obra para todos os que querem buscar satisfação para o anseio amoroso.

Discorrendo sobre o assunto com clareza e precisão e utilizando-se de uma riqueza de conceitos – entre tantos outros, diferença, singularidade, existência, impermanência, o Outro, mutualidade, fundamentalismo, escolha, estabilidade, solidão, crise, paradoxo, parceria, preconceitos, sombra, graça, poder, divinização, plenitude, paixão, enamoramento, renúncia, sexualidade, inclusão etc. –, a autora demonstra sua cultura e seu preparo, articulando os conceitos pedagógica e vivencialmente, revelando seu domínio sobre o tema tratado.

Nesse sentido, Beatriz Cardella, Bia para os mais íntimos, consegue transcender a prática e o conhecimento que um terapeuta precisa ter. Quais são essas relações? Como se formam? Quais seus limites e perigos? Que cuidados devemos ter?

Com base na análise das atuais mudanças e características do mundo moderno, um mundo distanciado do natural e sobrecarregado pelo artificial, Bia nos conduz através da "abertura criativa para o Outro", que, juntamente com o "enraizamento", possibilita chegar ao âmago das "relações significativas".

Com postura preocupada, porém otimista, e acreditando ainda em nosso mundo e nos humanos, somos todos convidados ao esclarecimento das dificuldades e confusões atuais. A autora acredita que, quando se constrói a intimidade e se atinge o consequente "amadurecimento" no desenrolar do "processo de humanização", se caminha em direção ao "sagrado".

Ao desviarmos nossa atenção do *conteúdo* do livro para a *forma* como é escrito, algo nos chama a atenção: já no título, *Laços e nós*, percebemos que o espaço para a linguagem metafórica está aberto. E essa forma se mantém e se amplia ao longo de todo o texto, com a inclusão de poemas, pensamentos e aforismos que colorem e suavizam a escrita e definem um estilo de se comunicar. "Rente ao vivido", como ela o denomina.

Como Bia ressalta, a função dos laços é "unir o que estava separado..." Nesse sentido, podemos dizer que laços são *eróticos*, na medida em que são da categoria de *eros*, a energia primordial de ligação e união. Eros complementa-se com *logos*, a energia do conhecimento, do entendimento e da razão. Ambas são energias constitutivas de nossa humanidade e devem estar a serviço de enriquecer o nosso "ser-no-mundo".

Reconhecemos na forma como Bia explicita suas ideias um forte componente erótico, que nos parece apropriado para tratar de questões ligadas às relações humanas, e percebemos que, ao afetivo de *eros*, ela agrega o cognitivo de *logos*. Bia trata do tema da perspectiva de *logos* quando o apresenta de forma ordenada, organizada, coerente e lógica; e o enriquece sobremaneira ao complementá-lo com a visão erótica, que privilegia o emocional, o poético, o intuitivo e o vivencial.

Dessa forma, Bia integra *eros* e *logos*, energias distintas, mas não necessariamente antagônicas. Alberto Lima, inspirado em Barthes, diz que "cabe a logos ser aliado de eros, não antagônico a ele, nem dissociado dele, para que a experiência do saber tenha sabor..." Consideramos esta a melhor expressão para qualificar o livro da Bia: ele agrega sabor ao saber que veicula.

A rica articulação que se nota no texto se expressa com vivacidade na pessoa de Bia: ela engloba harmonicamente em sua personalidade componentes de *logos* e *eros*, e isso fica evidente na:

- professora competente, de didática exemplar e aberta ao contato e ao diferente...
- colega terapeuta, séria e responsável, sensível e atenta à humanidade do outro...
- pessoa de atitudes firmes e éticas, respeitosa para com questões individuais e coletivas...
- escritora inspirada e inspiradora e amiga disponível e generosa.

Acreditamos que o desejo de Bia de que seu livro possa ser para o leitor uma "experiência" esteja bem próximo de tornar-se realidade. Basta que, acompanhados de *eros* e *logos*, enlacemos as pontas que ela nos sugere e partamos para a tarefa, nem sempre fácil, porém possível, de construir, em nossas relações amorosas, laços que possibilitem torná-las melhores e mais duradouras.

EDGARD GARCIA DO SOUTO
Engenheiro, psicólogo, professor, estudioso de filosofia

MARIA CECÍLIA PERES DO SOUTO
Psicóloga, psicoterapeuta, professora, estudiosa de mitologia

Introdução

> *Amor vem de amor.*
>
> RIOBALDO, EM *GRANDE SERTÃO: VEREDAS* (GUIMARÃES ROSA)

O amor é um mistério. Está para além de quaisquer tentativas de compreensão.

Neste trabalho sobre o amor e a intimidade, proponho-me a uma tarefa difícil e paradoxal: transitar entre o que pode ser dito e o indizível, entre o que podemos compreender e o que não pode ser comunicado.

Falar e refletir sobre o amor e a intimidade é diferente de sabê--los ou experimentá-los. Refletir sobre a vida é importante, e estar aberto à vida é fundamental.

Quero dizer que, embora possa compartilhar minhas reflexões e experiências sobre o amor e a intimidade, não acredito em receitas ou prescrições para alcançá-los.

Confio na trajetória pessoal, na experiência viva, na curiosidade natural e em nossa capacidade fundamental de crescer e encontrar sentido para a existência quando de fato podemos compartilhá-la com os outros.

Este trabalho é fruto de minha busca de criar amor e intimidade em minha vida. Muito mais que respostas, o que ofereço aqui são as minhas perguntas e de tantas pessoas que passaram por meu consultório de psicoterapia durante quase 25 anos de trabalho clínico.

Como diz Adélia Prado, "qualquer resposta é uma gota para o tamanho da pergunta".

Todos nós, de alguma forma, somos atravessados pela questão amorosa ao longo da vida e necessitamos uns dos outros para viver; somos originalmente exilados, órfãos e precários, pois desconhecemos nossa origem e nosso fim. Compartilhamos a condição humana.

Buscamos compreender nossa natureza e dar sentido à nossa existência, sendo nossas experiências relacionais muitas vezes marcadas por sofrimento e pela impossibilidade amorosa.

Vamos observar, então, que não é possível vivenciar o amor sem compreender o sofrimento, pois ambos se encontram no cerne da condição humana e estão intimamente relacionados.

O sofrimento reflete nossa condição de exílio, e o amor é a possibilidade de retorno para a casa natal. O amor acolhe o absurdo e a graça da condição humana.

Neste diálogo com você, leitor, tratarei incansavelmente do que o amor *não é*. Talvez, ao compreendermos *quando* e *como* ele nos falta, possamos nos abrir para que ele aconteça em nossa vida.

Observo que, quando somos capazes de ultrapassar aquilo que nos impede de amar, o amor simplesmente acontece. Embora use o termo "simplesmente", de modo algum quero dizer "facilmente".

Muito já se falou de amor, mas ainda há grande confusão a seu respeito.

Apesar de o amor, em geral, ser entendido como um *sentimento*, vamos tratá-lo aqui como uma *abertura para o outro*, um *estado de ser*, um *esvaziamento de si*, uma *entrega ao mistério*, que transcendem os sentimentos e estão além dele.

Ao tratar dessas e de outras questões, não tenho pretensões ou preocupações acadêmicas. Pretendo desfrutar da liberdade de utilizar um discurso coloquial, fruto de minha experiência pessoal e de muitos anos de trabalho clínico. O tom deste livro, na maioria das vezes, é o de uma conversa, como tantas que já tive com pessoas que me são caras, dentro e fora de meu consultório.

Meus questionamentos sobre o amor e a intimidade revelam fundamentalmente a perspectiva de uma mulher de meia-idade, com seu mal-estar e suas esperanças diante de seu tempo.

Se minhas reflexões sugerirem caminhos prontos, peço ao leitor o favor de dispensá-las.

Não há fórmulas para viver nem para se relacionar, especialmente para viver *bem*. Qualquer busca de um caminho pronto carrega a ilusão de que há uma maneira "certa" de viver, que nos isenta e priva da responsabilidade e da grande dádiva da existência: o livre-arbítrio e a capacidade criativa que todos carregamos.

Vivemos em um mundo onde há muita coisa pronta, muitas respostas, muitas prescrições de como ser e viver, mas carente de espaço para a vivência do mistério, do silêncio, da possibilidade de questionar, inventar e contemplar.

Nosso tempo ameaça os fundamentos do humano, como a criatividade, a singularidade e a experiência compartilhada.

A alegria de viver brota quando temos a oportunidade de escrever nossa própria história, sempre construída em companhia e em comunidade. Assim, nossos esforços precisam ser redobrados quando pretendemos tornar a existência um gesto inédito.

O poeta Gibran nos ensina a honrar a diversidade e os limites da condição humana: "Não diga 'Achei a verdade', mas antes 'Achei uma verdade'".

Ofereço ao leitor, de forma livre, conhecimentos da literatura, da psicologia e da filosofia, em forma de estudos, poemas, pensamentos, composições, aforismos, citações. Procuro também ilustrar as ideias com exemplos do cotidiano.

O leitor profissional de psicologia poderá reconhecer em diversas passagens conhecimentos de sua abordagem. Pretendi, entretanto, ampliar as fronteiras do diálogo, teorizando o menos possível e buscando permanecer rente ao *vivido*.

Minhas perspectivas sobre o amor e a intimidade não são verdades absolutas; peço ao leitor que as considere "possibilidades". Não tenho respostas definitivas para a maioria das questões aqui levantadas.

A psicologia trazida a público pode contribuir para a reflexão sobre as grandes questões humanas ao oferecer referências que nos ajudem a olhar as experiências de diferentes e múltiplas perspectivas, o que sempre é enriquecedor.

Segundo minha compreensão, essa é a função ética da psicologia em um mundo onde a humanidade está perdendo lugar para a tecnologização e o cientificismo.

Para mim, a verdadeira psicologia é aquela que liberta a diferença, revela a alteridade, honra a diversidade humana e, acima de tudo, oferece uma posição de resistência diante da psicologização ou da biologização do homem, assim como de qualquer outra forma de redução do humano.

O homem é inapreensível. Teoria nenhuma dá conta do humano. Sempre haverá o que nos surpreender no fascinante campo da experiência e das relações, marcadas pelo inusitado.

Neste livro buscarei fundamentalmente abordar as facetas do relacionamento humano que me instigam e oferecer ao leitor referências para refletir sobre a intimidade e os relacionamentos afetivos.

Como meu trabalho clínico, este livro é profissão de fé e esperança: fé nas potencialidades e possibilidades humanas, esperança no amor como um destino de plenitude e realização de nossa natureza fundamental.

O psicoterapeuta tem a maravilhosa oportunidade de, em uma única vida, testemunhar muitas outras e carregar em sua interioridade tantas e diferentes facetas da condição humana.

É um privilégio partilhar a sabedoria ofertada pelas pessoas no cotidiano da clínica, embora o ofício seja, em tantos momentos, árduo e doloroso.

Ainda que seja fundamental, o conhecimento do psicoterapeuta não é suficiente. O conhecimento precisa alcançar sabedoria, e isso só é possível se houver amor, humildade e compaixão.

Embora as relações terapêuticas não sejam o foco deste trabalho, muito do que aprendi sobre amor e intimidade nasceu em minhas relações terapêuticas, seja como paciente, seja como terapeuta. Várias delas foram verdadeiros encontros amorosos. São muitas as faces do amor.

Além de minhas relações terapêuticas, tenho o privilégio de, na vida pessoal, estar na companhia de pessoas que me ensinam diariamente a crescer. Com elas vivo as dádivas e os tropeços, os encontros e os desencontros do convívio, e vejo quanto ainda preciso aprender sobre ser humana, amorosa e íntima.

O título deste livro, *Laços e nós: amor e intimidade nas relações humanas*, faz referência à possibilidade afetiva na vida e à beleza dos laços que podemos criar quando nos unimos a alguém. Trata também do sofrimento revelado nos conflitos relacionais, dos *nós* em nossa vida.

Por serem mutantes, móveis e flexíveis, os laços podem ser desfeitos; são delicados. Unem e sustentam, mas não sufocam, confundem ou aprisionam.

Frutos de confusão, pressa, aperto e mistura (nunca sabemos onde estão suas pontas), nós provocam angústia e sofrimento. Paralisam e impedem a liberdade.

Laços unem o que estava separado, criando beleza, harmonia, leveza; laços estão para além das fitas que os compõem. Não é à toa que os usamos em presentes, nos cabelos e para guardar algo importante com delicadeza. Eles encantam e provocam surpresa. Laços unem, valorizam, enriquecem. Não são úteis, apenas enfeitam e trazem beleza.

Ao criarmos laços não perdemos nossa identidade; ao contrário, criamos uma nova forma com base no encontro com outra pessoa.

Nós são sofrimentos que revelam laços ausentes e almejados. Saudades do futuro. Esperança.

Nós, tratados com paciência e delicadeza, podem ser desembaraçados e transformados nos laços de amanhã.

Laços e nós também faz referência ao espaço de intimidade em uma relação, que vai além do *eu* e do *você*: *nós*. É a dimensão da *mutualidade*, da entrega de cada parceiro ao que está para além de si mesmo, incluindo o outro e a própria relação.

Ao desfazermos nós e criarmos laços, espero que possamos alcançar e revelar a beleza que nos originou e para a qual estamos destinados.

Desejo que esta leitura sobre laços e nós seja para você, leitor, uma *experiência*. Aí, esta obra terá um sentido.

Parte I

As relações amorosas na contemporaneidade

O sonho e o anseio da experiência amorosa

Quando te vi amei-te já muito antes:
Tornei a achar-te quando te encontrei.
FERNANDO PESSOA

A vida humana só tem sentido quando vislumbramos um horizonte, uma utopia, um sonho, um destino.

A existência é memória do antes, o agora e o porvir. É a busca de respostas e criação; viver plenamente é a realização de anseios e a abertura para o presente, sempre novo.

Mirar o horizonte possibilita a travessia humana pela existência, marcada por transformações, desafios, obstáculos e pela impermanência de todas as coisas.

A ausência de um sentido e de um sonho nos faz perdidos e desencantados, impossibilitados de prosseguir a despeito dos dramas e tragédias inexoráveis da nossa condição.

Esse horizonte só pode ser vislumbrado quando estamos, com certo conforto e familiaridade, enraizados na comunidade, no mundo das relações, na condição humana, que é ao mesmo tempo bela e dolorosa. Nossos sonhos incluem o outro.

O sonho humano da realização amorosa é, para muitos de nós, o grande sentido da existência. E realização amorosa pressupõe a existência de outro *significativo* na nossa vida.

A realização amorosa tem como ponto de partida a questão que introduz este livro: "Quem é você, meu amor [...]?"

Nessa meditação vietnamita, a origem do amor é uma *pergunta*, uma abertura ao *mistério*, do qual falaremos adiante.

A presença de relações significativas é fundamental para que a vida tenha sentido; o outro é testemunha de nossos gestos, de nossa vida e de nossa morte; o outro nos torna *reais*.

Somos seres constituídos essencialmente por relações, ou seja, nascemos e vivemos nos relacionando, e não há absolutamente nada em nós que tenha sido criado sem a presença de outro. Tudo em nós revela a presença de alguém, o encontro com outras pessoas.

Nossa singularidade constitutiva só pode se constelar no contexto de uma relação, já que não podemos saber quem somos se outro não confirmar nossa existência por meio da experiência compartilhada da diferença. Somos nós mesmos porque não somos o outro.

Ao longo da vida, desenvolvemo-nos pela experiência do contato com o diferente, contato que, quando saudável e profícuo, possibilita nossa realização como seres únicos e singulares, além de instaurar em nós essa mesma abertura em relação aos demais, ou seja, reconhecê-los, honrá-los e respeitá-los como seres que nos escapam e têm existência própria.

O espaço para a diferença possibilita que uma relação se instale enraizada na *mutualidade*, que só pode ser vivenciada se houver espaço para que alguém nos mobilize e alcance.

Só podemos viver a experiência e o sentimento de pertencer a uma comunidade e/ou parceria se somos reconhecidos em nossas diferenças. Do contrário, não há possibilidade de compartilhamento, porque a ética humana está excluída da experiência.

Qualquer tentativa de massacre das diferenças se configura como uma forma de violência e de opressão. Onde não há diferença não há relação. Não somos percebidos ou respeitados.

Só podemos viver em comunidade se houver espaço para nossa singularidade; só podemos nos unir se formos capazes de nos separar e vice-versa. Uma relação, de fato, implica diferenciação e união.

Onde não há lugar para a singularidade não há experiência humana e muito menos experiência amorosa. A exclusão do elemento humano nas relações rouba-lhes o sentido, que é também fundamental para o homem em seu percurso existencial e espiritual.

Para que tenhamos um destino próprio, criativo e único, nossa singularidade precisa se revelar ao longo da vida. São os relacionamentos que farão florescer essa criatividade, já que para nos relacionar vamos transformar os outros e por eles ser transformados.

Precisamos de um *lugar*, que vai além de uma casa, uma pátria; precisamos encontrar uma posição, *entre* outros seres humanos, que se constitua em morada, em lar.

Só com a experiência de pertencer poderemos nos aventurar, conhecer o estrangeiro, desbravar. Relacionar-se é uma experiência de desalojamento e instabilidade, que implica uma experiência inicial de pertencimento para que possa se realizar. A qualidade de nossas relações é a conquista de um processo de amadurecimento que pressupõe alcançar etapas para poder evoluir, as quais serão descritas adiante.

Assim, uma realização amorosa, antes de ser uma dádiva, é uma conquista bastante refinada da maturidade pessoal e relacional das pessoas envolvidas e sempre estará em movimento.

O poeta Octávio Paz nos diz:

> O amor... é a experiência do total estranhamento: estamos fora de nós, lançados diante da pessoa amada; é a experiência da volta à origem, a esse lugar que não está no espaço e que é

nossa pátria original. A pessoa amada é, ao mesmo tempo, terra incógnita e casa natal; a desconhecida e a reconhecida.

Ele nos chama a atenção para o fato de que o outro é sempre mistério e, ao mesmo tempo, acolhimento, e de que o encontro é aventura e aconchego, hospitalidade e desalojamento.

Assim, a experiência amorosa que se revela na conquista da intimidade é, acima de tudo, uma entrega ao mistério, uma forma de desalojamento de si mesmo em direção ao outro, uma renúncia de aspectos próprios a caminho de um destino compartilhado. É voltar à pureza da criança (à origem), sempre aberta ao que se revela, fluindo com a própria vida.

O sonho de realização e encontro amoroso é, para muitos de nós, o horizonte a nos guiar quando nos disponibilizamos a conhecer e a nos envolver com alguém. Como mencionei antes, o horizonte é importante para que a existência não se reduza a tarefas e dificuldades cotidianas, que geram enfado e tédio se caminhamos indefinidamente para lugar nenhum.

Sem um destino a alcançar, ficamos reféns do cotidiano, aprisionados no aspecto mundano da vida, na materialidade e na instabilidade de todas as coisas. Vale lembrar que mirar o horizonte é diferente de viver no futuro; o sonho nos oferece um sentido para viver *agora*, estarmos centralizados no presente. Isso é diferente de viver em constante estado de *ansiedade* e *insatisfação*, fora do presente, imaginando que aquilo de que precisamos está sempre *depois*.

A visão materialista da vida reduz a complexidade dos afetos e exclui a humanidade das relações, como alerta Chopra (1999): "Nossa visão de mundo materialista reduziu o amor a um fluxo desordenado de hormônios associado com fantasias psicológicas".

Essa perspectiva é parcial, pois exclui a dimensão transcendente do amor, ou seja, a experiência de abertura, de esvaziamento, de transformação e de mistério, que nos leva para além de nós mesmos. Esse olhar que exclui o mistério nos reduz ao homem *psico-*

lógico, atolado nos próprios conflitos e desprovido de um sentido sagrado para sua existência.

Os obstáculos, as dificuldades e os desafios inerentes ao caminho humano, quando não posicionados na direção do nosso destino, tornam-se insuportáveis, como revela o personagem do filme *O feitiço do tempo*, em que todos os dias são iguais e suas experiências não têm fim, repetindo-se por toda a eternidade. Não há futuro. Não há tempo. Não há o que alcançar. Vivemos uma claustrofobia no cotidiano.

Sem amanhã, a experiência humana – que é uma travessia, uma passagem, um caminho – não tem sentido.

A ausência de sentido para a vida tem se configurado como uma das principais formas de adoecer verificadas nos tempos atuais, marcados pela desesperança, sentimento que inviabiliza a jornada humana, caracterizada por desafios, sofrimentos e conquistas, movida por uma fé no porvir.

Sem perspectiva, somos jogados para fora da condição humana, e nossa sobrevivência física e psíquica fica ameaçada, pois experimentamos a morte em vida. Nossas ações, buscas e angústias perdem o significado e o sentido.

O amor, em suas diferentes formas e facetas, é a possibilidade de realizar um sonho de integração, de unidade, de ligação primordial, a "casa natal", como disse o poeta, e, paradoxalmente, a viagem para o desconhecido, a abertura para o mistério do outro e da existência. É a aceitação profunda de nossa condição, mesmo com todos os limites que ela carrega.

O amor romântico, em nossa cultura, é uma das formas de expressão de amorosidade, assim como o amor fraterno, materno, erótico, entre tantos outros.

Amar romanticamente é estar *apaixonado*, e adiante comentarei as características desse fenômeno.

Nossa cultura infelizmente acaba por colocar muitas vezes o amor romântico como a única forma "válida" de amor, o que, além de ser um equívoco, restringe as possibilidades de experiência amorosa, fundamentalmente uma experiência de abertura para o outro: a natureza, o irmão, o parceiro, o amigo, o desconhecido, o estrangeiro, os ancestrais, os herdeiros, o *outro absoluto*.

O amor tem várias facetas e não é apenas um sentimento, mas uma atitude diante da existência.

A relação entre casais e outras formas de parceria humana possibilitam experimentar o amor e alcançar a intimidade. Atualmente, cada vez mais, as pessoas se unem quando há afeto, o que representa um refinamento nos vínculos que até pouco tempo atrás eram mantidos também por acordos e conveniências, servindo a interesses outros que não o compartilhamento da própria vida.

A despeito de todas as dificuldades que enfrentamos nos dias de hoje, ainda assim as pessoas continuam buscando relacionamentos amorosos, laços significativos, e a dor da solidão que a muitos assola é a esperança do encontro.

O amor e a intimidade no mundo contemporâneo

É mais que violento o amor.
ADÉLIA PRADO

Embora seja um anseio profundo, infelizmente o amor é uma experiência rara no mundo contemporâneo – e talvez em toda a trajetória humana.

Mas a jornada humana só se torna possível porque há amor, a despeito de nossos dramas, tragédias, erros e acertos. O amor transcende a morte, pois acolhe nossas limitações e as transforma.

O amor está para além do espaço e do tempo.

Para abordar o tema do amor e da intimidade, é preciso tratar de relacionamentos, das capacidades e das dificuldades de nos encontrarmos uns com os outros, principalmente em uma época marcada por extrema solidão e individualismo.

Ao longo de todo o caminho percorrido, apresentarei uma perspectiva da vida e da condição humana como uma teia de relações que possibilitam – ou não – o acontecimento da humanidade, que contempla a faceta amorosa.

Não basta o nascimento biológico para que nos tornemos humanos. Humanidade é algo que se alcança com uma existência ética, isto é, que se realiza histórica e criativamente nas relações com outros diferentes e semelhantes.

A pessoa que alcançou a própria humanidade é capaz de ser amorosa.

A presença dos outros em nossa vida nos constitui, nos torna quem somos potencialmente, possibilitando a realização e o esvaziar-se de si mesmo.

Não podemos prescindir das relações, pois elas são a própria existência humana. Uma vida relacional empobrecida rouba o sentido dessa vida.

Somos responsáveis pelas escolhas que fazemos, ou seja, pela qualidade das relações que estabelecemos. Qualidade que implica amadurecimento pessoal, um processo de trabalho que dura toda a vida.

Ao alcançarmos posições éticas e criativas nos relacionamentos, tornamo-nos disponíveis para a experiência amorosa e para a intimidade.

Não há um único ser a viver no "vácuo", isolado do mundo. O que não quer dizer que não podemos nos *sentir* isolados, vazios e sozinhos até no meio de uma multidão. É preciso ter encontrado um sentido de si mesmo para se sentir acompanhado e ter uma existência, de fato, compartilhada.

O eremita no alto da montanha jamais está isolado, tampouco o astronauta lançado no espaço, o mergulhador nas profundezas do mar, o peregrino no deserto inóspito, pois se relacionam com o que os cerca e carregam a memória do humano.

Somos solitários do ponto de vista existencial, ou seja, nascemos e morremos *sós*, somos únicos e vivemos experiências que não podem ser comunicadas e compartilhadas.

Mas há pessoas que experimentam outra espécie de solidão: perdem as raízes na condição humana quando não vivenciam relações significativas, que constituem vínculos afetivos de qualidade, como no caso das relações de intimidade. Essa é uma experiência de profundo vazio, pois não há um outro *dentro* delas.

O sentimento de isolamento, tão comum hoje, pode inviabilizar a experiência amorosa. Paradoxalmente, o acolhimento da própria solidão originária nos torna abertos e capazes de amar.

A vida humana é repleta de contradições, enigmas, perdas, conquistas e transformações. Os relacionamentos também estão sujeitos a mudanças constantes, por isso são fonte de perturbação, mobilização e muito trabalho interior.

Os relacionamentos são os principais instrumentos de crescimento, pois nos apresentam o desconhecido em nós e nos outros; as relações significativas são verdadeiros portais para as vivências do sagrado, abrindo-nos para o sentido da existência, já que nos colocam face a face com o mistério.

Nossas relações afetivas nos ensinam a nos questionar, a conviver com a dúvida e com a ignorância, a aprender e a considerar possibilidades e perspectivas diferentes das nossas.

Abrir-se para os outros nos ensina a respeitar o diverso e a desenvolver maior tolerância e consideração pela variedade das condutas humanas.

Veremos que é apenas a partir do encontro com os outros que nos tornamos nós mesmos, um processo contínuo de criação e realização de nossa singularidade.

A capacidade humana de crescimento, de cura e de transcendência é surpreendente, embora a capacidade de manter um estado de sofrimento e de transformar vidas e relações em martírios e campos de batalha também seja imensa.

Assim, embora possamos criar uma vida plena, também somos capazes de sucumbir às obstruções e aos impedimentos em nosso processo de crescimento – o que, em geral, nos faz experimentar a morte em vida, pois sem transformação a vida não tem sentido, já que não se realiza.

Isso quer dizer que adoecemos em nossos relacionamentos e, se não despertarmos para realizar mudanças e criar novas possibilidades de encontro, nossa vida estará perdida, mesmo que cheguemos aos 100 anos.

Cada um de nós carrega uma perspectiva inédita da condição humana, por isso sempre podemos aprender *com* e *sobre* os outros, pois todas as pessoas podem nos ofertar algo que desconhecemos. Os relacionamentos podem nos curar.

Viver aberto para a aventura do encontro é de uma riqueza ímpar. O sublime nos visita quando, de fato, podemos vislumbrar o outro.

Mas vivemos uma época de escassez amorosa, marcada por instabilidades, desenraizamentos, individualismo e massificação, e ao mesmo tempo por um profundo interesse em relacionamentos humanos.

Muitas pessoas se sentem carentes de amor, de relações significativas, de intimidade; há uma profunda busca da qualidade dos vínculos afetivos em diversas instâncias da vida, que muitas vezes se apresentam instáveis e superficiais.

A impossibilidade de estabelecer vínculos afetivos é fonte de grande sofrimento psíquico e de uma desesperança que se revela nas diferentes formas de adoecer características de nosso tempo.

A ausência de relações pode significar, em um nível extremo, a perda da condição de humanidade.

Todos nós almejamos, de alguma forma, viver um relacionamento para compartilhar amor e respeito; queremos cumplicidade, buscamos alguém para ser testemunha de nossa existência e a quem possamos oferecer confiança e amorosidade. Queremos alguém para nos acompanhar e tornar nossa história de vida significativa.

Veremos que a intimidade entre duas pessoas só é possível se se estabelecer uma relação na qual a humanidade de ambos tenha lugar e seja honrada. Do contrário, uma relação íntima não será inaugurada na vida de um casal, mesmo que essa relação tenha durabilidade.

A intimidade é um espaço de compartilhamento em uma parceria. É uma forma de relação que se configura em *morada*, um lugar aconchegante e seguro, onde se podem experimentar a confiança e a esperança; onde é possível ser e existir como se é, repousar e silenciar.

Paradoxalmente, na relação íntima é possível *desarrumar* o outro e *ser desarrumado* por ele, sair do lugar conhecido, ser transformado, mover-se sem parar. A intimidade possibilita, também, que nossa capacidade amorosa se amplie e inclua toda a humanidade.

A intimidade possibilita criar-se continuamente e contribuir para a criação de outro fora de nós; é uma forma de hospitalidade mútua.

A intimidade em uma relação é um lugar – não como espaço físico, mas como possibilidade, como morada para o *eu*, o *você* e o *nós*, e do que está *além* do nós.

Quando há intimidade, é possível desnudar-se porque há ali olhos capazes de ver e acolher nossas profundezas, delicadezas e nossos mistérios.

Ser íntimo é perceber e reconhecer a condição humana frágil e corajosa do outro, vê-lo para além de si, como revelação do mistério que carrega anseios e sofrimentos, reconhecer sua sabedoria, vislumbrá-lo em sua dignidade. É dar um passo além de si mesmo, rumo ao *encontro*, ainda que ele nos escape.

A intimidade é, assim, uma experiência de confiança.

Infelizmente, no mundo contemporâneo, tais experiências estão cada vez mais raras, sendo comuns relações transformadas em artigos de consumo, nas quais as pessoas se tratam como coisas e objetos de prazer que, uma vez conquistados, perdem a graça e o encanto.

Vivemos uma época de transformação acelerada, de troca de valores e de paradigmas. Na era da informação, da velocidade, da globalização, da tecnologia, as relações passam por mudanças por vezes preocupantes, dentre as quais a própria desumanização.

Se o desenvolvimento tecnológico (que tantos benefícios traz) não comungar com a preservação do elemento humano nas diversas esferas da sociedade, a sustentabilidade da vida estará ameaçada, pois a perda da condição humana destitui a vida de sentido.

O achatamento provocado pela tecnologia, que prescinde do elemento singular característico do homem para seguir seu curso, tem provocado um perigoso ardil do qual precisamos nos conscientizar: tornarmo-nos todos o *mesmo*.

O lugar para a diferença está também ameaçado pelos padrões de beleza e de sucesso, influenciando principalmente jovens em busca de referenciais e lugares de pertencimento. A padronização estética cria a impossibilidade de estabelecermos vínculos pautados na instigante experiência de conhecer e dar-se a conhecer, que leva tempo e não oferece garantias de "sucesso", pois o objetivo de uma relação não é obter resultados.

O paradigma pragmático, imediatista e utilitário não serve às relações íntimas.

Não é incomum ouvir na clínica frases como: "O mercado está fraco", "Não há homens no mercado", "Comprei meus seios", "Vendi minha alma ao diabo" etc., que revelam o mal-estar contemporâneo com suas dissociações, dicotomias e confusões que transformam pessoas em coisas.

O mal-estar contemporâneo revela-se na impossibilidade de vivermos em um espaço e tempo *humanos*, excluídos por um mundo artificial, padronizado, pasteurizado, acelerado.

Nas grandes cidades vivemos cada vez mais em espaços verticais, pequenos, cheios de metal, vidro, cimento, enquanto convivemos cada vez menos com o mundo natural, com a terra, as plantas e os animais. O ritmo das atividades não respeita o ritmo e os ciclos do corpo e da natureza, com sua necessidade de repouso, nutrição, sono, recolhimento. O tempo tem sido determinado pelas máquinas e não mais pelo corpo humano, pelas estações do ano, pelo dia e pela noite.

A intimidade resiste a essa visão de mundo e a esse modo de viver, pois contempla o lugar e o tempo da experiência humana.

Talvez um dos grandes desafios nos dias atuais seja justamente ultrapassar e transcender pressões coletivas e culturais para afirmar a possibilidade de relações pautadas na ética humana, seja no campo político, social, econômico, religioso ou psicológico.

Uso a palavra "ética" aqui para designar a preservação do *humano* e de seus fundamentos, a possibilidade de acolhimento das diferenças, de espaço para a singularidade, para a diversidade e a multiplicidade humanas na vida comunitária, cuja polaridade se configura como todas as formas de fundamentalismo, mesmo os disfarçados de progresso – seja científico, tecnológico, estético, religioso, político, psicológico etc.

Em quaisquer instâncias da vida humana, o fundamentalismo nos rouba o amanhã, o "vir-a-ser", o projeto humano de realização criativa e inédita, a liberdade de existir e o sentido da vida, já que submete o homem a um poder imperial e absoluto, de outro que se coloca no lugar de divindade, de portador de verdades absolutas, inibindo a experiência do sagrado que possibilita nossa jornada pela existência – que é, antes de tudo, mistério.

Resistir a essas formas de opressão e alienação é uma árdua tarefa que exige amadurecimento e engajamento em um processo de responsabilização pelo próprio destino.

Com os valores vigentes em nossa cultura, não haverá muitas oportunidades para criarmos interioridade acolhedora ou vínculos significativos.

Algumas pessoas ficam trancadas do lado de dentro, isoladas, encasteladas e apartadas do mundo em profunda solidão, sem capacidade de abertura para serem tocadas pelo outro; outras ficam trancadas pelo lado de fora, achatadas pelos padrões, pela demanda de outros, por imagens de si mesmas, perdidas em uma *terra de ninguém*; tornam-se nômades, pois não sabem criar raízes e vínculos.

Em ambos os casos, a liberdade, fundamento da condição humana, está perdida. Não existe a possibilidade de movimentar-se dialeticamente para dentro e para fora de si, de aproximar-se e afastar-se do outro, em um movimento rítmico e cíclico. Há, no fundo, paralisia e impotência.

Em síntese, quando há adoecimento, tornamo-nos prisioneiros ou reféns de nossa interioridade e/ou do mundo de códigos sociais. A abertura fundamental não pode ser vivenciada, e a pessoa fica reduzida, sem a possibilidade de transformar os outros e o mundo e ser transformada por eles. A criatividade se perde; a vida passa a ser mera repetição.

Sem abertura para o outro e sem capacidade de enraizamento, não há como estabelecer relações significativas. Esse é um paradoxo de nosso tempo, e nos conscientizarmos dele nos dá a chance de alcançar um novo estado de consciência que nos permite criar vínculos afetivos e amorosos.

As relações são a única forma de mobilização possível para que nos humanizemos e vivamos de acordo com nossa condição humana: relações nos mobilizam, provocam impactos, nos forçam a deixar o porto seguro do já conhecido e, ao mesmo tempo, nos chamam a durar, a desenvolver constância, a permanecer, a desenvolver disciplina, humildade e senso de limites, quando frustrações nos impelem à busca imediata de prazer e satisfação.

Relações nos ensinam a renunciar, nascer, crescer e morrer. Relações lapidam nossas potencialidades para transformá-las em realizações e capacidades. É no atrito, no conflito, no confronto com a diferença que tal lapidação se dá.

O que somos se constitui e revela pelo outro que nos contraria, questiona, escapa, desaloja, tornando-nos quem somos em potencialidade. Assim, a intimidade é constituída pela capacidade de abertura e enraizamento.

Relações enraizadas que carecem de abertura transformam-se em prisões, em tédio, em pseudossegurança afetiva, quando no fundo há um amortecimento dos parceiros, que se defendem do desconhecido, do novo, do estranho que há no outro e em si mesmos. São prisões confortáveis.

Por outro lado, relações que revelam abertura mas carecem de enraizamento perduram enquanto o elemento criativo, entusiasmante, prazeroso e fácil estiver presente; correm risco quando fragilidades, tensões, conflitos, crises e obscuridades se revelam para chamar os parceiros ao crescimento.

Uma relação fundada apenas na abertura não resiste às frustrações e aos sofrimentos, tampouco à entrega e ao despojamento de si, tão necessários para construir intimidade.

Apenas uma das polaridades conscientizadas acarreta desarmonia no todo, que fica desintegrado. A fluidez da relação é perdida.

A relação significativa é aquela que se desenvolve como uma árvore. Cresce com raízes que lhe dão profundidade, nutrição, base, segurança, e se aprofundam na terra, lugar de obscuridade, de penumbra, onde está o decomposto, ponto de densidade, dificuldade, de luta e esforço. E realiza-se na copa, que gera sombra, flores, frutos e aponta para o céu, os sonhos, o porvir, o amanhã. Que lhe confere beleza e exuberância. Que revela a realização da semente.

Uma árvore sem raízes tomba com facilidade; carece de estabilidade. Uma árvore sem copa está desvitalizada, impedida de florescer e de frutificar, ou seja, de se realizar.

Relacionar-se intimamente implica despertar para as diferentes tarefas que a experiência exige. Uma das tarefas é a responsabilidade pela própria vida e pelo projeto de intimidade que é compartilhado.

Responsabilizar-se é posicionar-se e fazer escolhas conscientes de como se colocar diante do outro, como criar alternativas de aproximação.

Felizmente, há muitas pessoas no mundo com tal disposição, mas também existem muitos apenas interessados em fazer valer seus direitos, sem a consciência básica do afeto que confirma que, a partir da existência alheia, a nossa existência carrega limites e deveres.

A intimidade é uma experiência rara e preciosa, já que é fruto da resistência a uma superficialidade individualista decorrente da impaciência fundamental, do hedonismo e do imediatismo, que desenraízam o homem.

A intimidade é uma conquista da maturidade, portanto do tempo.

Amor e intimidade acontecem com o amadurecimento de uma relação, que é fruto também do pleno desenvolvimento de cada um dos parceiros. É uma entrega ao *nós*, o que não quer dizer perder fronteiras pessoais. Vale lembrar que amadurecimento não é um momento, é um processo. É a própria travessia pela vida. Não há um momento em que estejamos prontos, acabados. Ser humano é estar sempre em trânsito.

Para ser íntima, uma relação respeita ciclos. Segundo os parâmetros atuais, é um tempo lento, para o qual estamos cada vez mais despreparados e com o qual estamos cada vez menos familiarizados.

A cultura não oferece um lugar de continência para as experiências de passagem, de travessia, que impliquem *duração*. Não valoriza a tradição, a sabedoria, a ancestralidade, a memória do passado, que nos oferecem experiências de pertencimento e familiaridade.

Sem duração não há estabilidade. Sem abertura não há renovação.

A cultura ocidental invalida a sabedoria que o envelhecimento e as gerações passadas são capazes de transmitir. Muitas vezes transforma a tradição em artigo de consumo, como objetos antigos, moda, arquitetura, museus, que encontramos em toda parte do mundo. No entanto, os valores tradicionais não encontram espaço, havendo, paradoxalmente, a invalidação do que é tradicional. As pessoas maduras não têm espaços de pertencimento, enquanto a juventude é reverenciada e idolatrada.

Isso caracteriza uma cultura que não honra as raízes e não tem lugar para elas, sejam pessoais, familiares, comunitárias, étnicas, éticas ou de qualquer espécie. Com essa ausência de raízes nos tornamos um povo nômade, sem lugar, sem chão ou pátria, e as consequências de tal desenraizamento são desastrosas.

O desenraizamento é a ausência de bases, de fundamentos, de segurança. A casa humana não é mais capaz de nos acolher.

Assim, ao renegarmos a tradição, somos como árvores sem raízes, habitamos apenas a superfície das coisas, vivemos desprovidos do significado que o passado confere e que é essencial para nos posicionarmos de modo singular, por meio da apropriação e da ruptura dessa mesma tradição; a humanidade sem tradição, sem história, deixa de ter humanidade.

Nossa história pessoal é uma grande síntese criativa e singular de tudo que nossos ancestrais viveram. Quando um casal se encontra também constrói, ou não, novas possibilidades para todos os casais humanos, assim como carrega em sua ancestralidade a sabedoria da vida de outros tantos casais.

Uma relação íntima exige de nós, então, tempo e dedicação.

As relações íntimas e enriquecedoras são conquistas da lentidão e da paciência, que devem dar conta das revelações que o convívio com outra pessoa nos traz.

Não há como criar intimidade sem lançar-se em uma experiência de revelação do desconhecido que há em si mesmo e no outro. Relação íntima é também fruto de coragem.

Em geral, os parceiros não têm consciência desse aspecto transcendente da relação amorosa. A relação profunda promove a alquimia, que nos faz *outros* para nós mesmos.

Quanto mais íntima a relação, maior a magnitude das transformações operadas nas pessoas envolvidas e em toda a comunidade que as rodeia. A vida de um casal afeta não só a ele mesmo, mas a todos os que estão ao redor. Filhos, amigos, familiares, vizinhos, colegas, até atingir toda uma rede que é a comunidade onde nos inserimos.

A intimidade constrói-se na disponibilidade de correr riscos e, muitas vezes, renunciar, para adentrar os espaços mais delicados e desconhecidos dentro de nós e do outro, e ainda assim não receber garantias de qualquer espécie, já que os encontros e desencontros humanos são sempre marcados pelo inusitado. Não alcançamos intimidade pela vontade, pelo esforço. Há de ter entrega. O encontro é obra da *graça*. *Quantos de nós estão de fato dispostos a empreender esta jornada a um universo lento, interior, vulnerável, insólito e sem garantias de resultados?*

A vida atual é marcada pela avidez de novidades, pelo entretenimento e pelo consumismo, que buscam o excitante, o extraordinário, o grandioso, revelando pelo avesso uma profunda distância da simplicidade e do sagrado.

Falta-nos a experiência do silêncio necessário para que outra voz que não a nossa tenha lugar em nossa vida; para que outro ser possa encontrar eco em nosso mundo, em vez de falar sozinho e vice-versa.

O paradoxo é que, embora muitos digam que querem "ter" alguém, não conseguiram ainda abrir espaço para o outro em sua vida. O anseio de uma relação infelizmente não garante que ela seja encontrada.

A solidão assola muitos de nós, embora o planeta nunca tenha estado tão povoado e a comunicação, tão fácil. Por outro lado, nunca vi tanta gente romper relacionamentos após a primeira frustração, a primeira mágoa, a primeira decepção.

Muitos costumam nutrir a expectativa de encontrar alguém que se "encaixe" neles. São relações baseadas na complementaridade. Essa é uma imagem mecânica, que revela um olhar que nos considera uma máquina mal-acabada que precisa de peças e reparos para funcionar bem.

A relação baseada em metades que se juntam não pode ser chamada de relação, pois somem as singularidades.

A relação complementar não alcançou intimidade; o outro ainda é depositário de partes do eu não reconhecidas, experimentadas e conscientizadas; não é percebido como *outro*.

A intimidade transcende as complementaridades, as competições pelo poder, os idealismos, as insatisfações, a autossuficiência, as dependências e o individualismo que muitas vezes revelam que algumas etapas ainda precisam ser percorridas pelos envolvidos e pelo próprio casal, em seu processo de amadurecimento.

Embora a intimidade possa ser alcançada, é importante lembrar que as transformações continuam. A condição humana implica encontrar-se e desalojar-se, ou seja, construção e desconstrução, em um contínuo movimento.

Embora seja otimista em relação ao futuro da humanidade, considero que vivemos um tempo de riscos, que nos exige cada vez mais posições claras, responsáveis e conscientes em todos os âmbitos da existência para garantir o lugar do humano no mundo contemporâneo.

Risco também significa oportunidade, e as crises que atravessamos podem instaurar um novo tempo de relações verdadeiramente humanas e amorosas. Mas risco também pode indicar perda do humano, coisificação, alienação, violência e, em um nível extremo, barbárie.

Não compactuo com uma visão apocalíptica do mundo e do homem, tampouco com um futuro marcado e predeterminado, embora esteja bastante preocupada – não só por sentir na própria pele a dor de nosso tempo desumanizante, como por acompanhar na clínica as formas de adoecimento produzidas pela contemporaneidade.

Ainda assim, sou positivamente surpreendida todos os dias com as alternativas e as formas de superação humana, com a capacidade das pessoas de ressignificar sua existência, de transformar o próprio sofrimento em sabedoria, de resgatar ou cultivar a esperança e de criar um sentido e um destino para a própria existência.

Uma pessoa que alcançou um sentido de si pode renunciar a partes suas para encontrar-se com o outro e constituir um "nós".

Antes que esse senso de si seja constituído, que essa etapa seja atravessada, não haverá possibilidade de inaugurar um "nós". Quando não há sentido de si em uma relação, o fruto do encontro é um "ninguém"; haverá apenas mistura, fusão, confluência. Ou isolamento, distância, separação. Não haverá amor.

Amor implica esvaziamento de si mesmo; sem um si mesmo, não há como esvaziar-se, não há *outro* em nossa vida.

O casamento hoje

*Atrás e à frente de cada casal humano estende-se uma longa
cadeia de erros e acertos geradores de humanidade.*

Lya Luft

Uso o termo "casal" para referir-me a pessoas unidas por laços
amorosos que escolheram partilhar a vida e construíram um projeto
de vida comum, independentemente do sexo dos parceiros.

A despeito de todas as dificuldades mencionadas anteriormente,
cada vez mais as relações conjugais são pautadas por afeto e companheirismo. Importam menos a instituição, o contrato formal, o compartilhamento de bens e as conveniências sociais do que a qualidade
da relação que se estabelece; o poder está perdendo lugar entre os
parceiros, que pautam seu vínculo no respeito mútuo e no amor.

Se até há bem pouco tempo as relações conjugais eram manti-
das, muitas vezes, por conveniências sociais e econômicas, no mundo atual é necessário bem mais do que isso para mantê-las.

A revolução sexual e tecnológica, a saída da mulher para o mercado de trabalho, a mudança de papéis, entre outros fatores, inau-
guraram a possibilidade de relações conjugais horizontais.

É fato que ainda temos a crescer no campo da igualdade de oportunidades, de valorização e de respeito às diferenças entre gêneros, mas muito foi conquistado tendo em vista a posição histórica da mulher em um passado recente.

Com o reposicionamento da mulher e do próprio homem, com a transformação dos papéis e funções femininas e masculinas, com a mudança de paradigmas que envolvem as questões do gênero e da sexualidade na cultura, abre-se um universo de novas possibilidades para as relações humanas em geral.

Há muito trabalho a ser feito, pois o elemento feminino da vida ainda se encontra excluído e desvalorizado em nossa cultura patriarcal. As próprias mulheres, em busca de igualdade de oportunidades, estão desequilibrando-se, pois desenvolver o polo masculino e compartilhar o poder não tem nada que ver com imitar o homem ou desintegrar o feminino.

Tanto homens como mulheres só estão inteiros quando integram suas facetas femininas e masculinas, respeitando as especificidades de cada gênero e honrando as diferenças.

Se as posições estão se flexibilizando, as relações também estão ganhando essa mesma porosidade. Trata-se de um terreno fértil para o nascimento da autenticidade dos vínculos e da verdadeira parceria humana. Mais uma vez, os afetos sobrepõem-se e transcendem os códigos sociais, o que dá sustentabilidade às relações e ganho de sentido para suportar as dificuldades naturais do convívio íntimo.

Os códigos do casal são intrínsecos, nascidos da experiência das pessoas envolvidas e não mais ditados pelo coletivo, que já não tem o poder de deliberar sobre espaços privados.

Essa é uma das conquistas deste mundo complexo; avançar e criar espaços éticos para indivíduos, casais, famílias ou grupos é uma demanda e uma conquista, fruto da liberdade dos tempos atuais.

O casamento é uma escolha consciente, um sonho íntimo compartilhado, e não mais um meio para atingir um fim, como escapar da solidão, ter companhia na velhice, contar com alguém para prover, alcançar a possibilidade de sustento, ter reconhecimento social, status etc.

Se até quarenta anos atrás um casamento com tais objetivos perdurava muitas vezes até a morte de um dos parceiros, hoje está fadado a terminar cedo.

O casamento nos dias atuais transcende a questão institucional ou moral e possibilita, cada vez mais, uma vivência transformadora. Torna-se revelação.

Cada casal encontra uma forma própria de funcionar e criar espaços de individualidade e compartilhamento. Não há receitas que funcionem para todos, cabendo a cada casal ter seus próprios acordos, pactos e códigos. Cada relação que se estabelece é singular e inédita.

Se, por um lado, as relações são fugazes e superficiais, por outro, os vínculos, quando acontecem, são fortes e fundados no afeto.

Há famílias de todos os tipos, casais vivendo de formas diversas: heterossexuais, homossexuais, com ou sem filhos, com filhos de relações anteriores, apenas mães ou pais com filhos, casais que residem na mesma casa, em casas separadas etc.

Assim, os acordos e contratos conjugais são estabelecidos com mais liberdade, o que também contribui enormemente para relações de maior qualidade, já que as diferenças são acolhidas – e só assim a mutualidade pode ter lugar.

Sem dúvida, a liberdade favorece o desenvolvimento da maturidade do próprio casal, que não tem a vida regulada por demandas sociais e, portanto, deve assumir a responsabilidade sobre o *que* e *como* quer viver.

Quanto mais conscientes estão os parceiros dos acordos tácitos, mais seguros e responsáveis se tornam. A relação é um bem comum, que precisa ser cuidado e valorizado por ambos, pois qualquer dano à relação pode afetá-los.

Uma relação conjugal passa por enormes desafios e provas, crises que precisarão ser superadas.

O casamento é um caminho iniciático, uma possibilidade de transformação e transcendência dos parceiros; é a intenção e a experiência de se colocar em uma direção e construir um destino que é de cada um e dos dois ao mesmo tempo.

Aliás, essa é a grande prova de um casamento: a vivência do paradoxo de que o senso de separação possibilita o senso de união e vice-versa.

O percurso de criar, cotidianamente, espaços e lugares para cada parceiro e, ainda assim, entregar-se ao mistério do "entre", que transcende a pessoalidade, é uma jornada existencial e espiritual, atravessada pelo absurdo e pela graça. Essa abertura é o cerne do amor.

As pessoas que escolhem o casamento geralmente valorizam a existência compartilhada e íntima. Cada parceiro presencia a trajetória do outro, e ambos são testemunhas de sua jornada comum.

A parceria é uma vocação, mas há muitas possibilidades legítimas de relacionamento humano, que também envolvem afeto, respeito e crescimento mútuo.

É preciso questionarmos nossa real vocação, nosso desejo e disponibilidade para o casamento. Quatro décadas atrás, por exemplo, uma mulher que não se casasse era vista como cidadã de segunda categoria, "solteirona", "largada", que "ninguém quis". O homem que não se casasse (embora recebesse maior condescendência) era considerado *playboy*, "garanhão", ou "filhinho da mamãe".

Esses rótulos e preconceitos, infelizmente, ainda têm resquícios entre nós. O emblema social, a aprovação advinda da condição conjugal, para muitos, é fator de maior ou menor incômodo, principalmente para algumas mulheres que foram educadas por mães e avós nascidas e criadas nesse contexto, em que a mulher tinha algum valor no papel de mãe e esposa.

Assim, ainda hoje é possível haver grande sofrimento quando o casamento não é alcançado, o que é considerado, muitas vezes, sinal de fracasso e incompetência. O casamento torna-se uma forma de autoafirmação, e quando isso ocorre é preciso investigar quais são as reais motivações da pessoa.

Às vezes, esta é movida também por um desejo autêntico de compartilhamento e de parceria, mas a necessidade de autoafirmação gera ansiedade e atropelos tais que impossibilitam a realização desse anseio, que é consequência de um processo de amadurecimento da relação.

Muitas vezes, o casamento passa a ser um meio para suprir carências de ordem psíquica por meio do vínculo com outro, que se torna objeto de satisfação ou prazer. Esta é a raiz de grande frustração e inúmeros rompimentos: quando os parceiros transferem um para o outro, ou mesmo para a relação, a responsabilidade ilusória de dar conta de necessidades afetivas que transcendem a própria relação.

Tais expectativas na maioria das vezes são comuns, mas se não forem minimamente conscientizadas a relação será depositária de demandas irrealizáveis – portanto, ficará sobrecarregada.

Com isso, perdem-se a leveza, a confiança, a liberdade, o frescor e o espaço para que a relação e o afeto possam fluir. As demandas emocionais excessivas de um parceiro sobre o outro sufocam, criam prisões e reféns, e com isso quem perde é o amor, que ganha condição de exílio e exclusão.

Não há amor onde a humanidade de cada parceiro não é acolhida e considerada. Todos carregamos limites, fragilidades e potências relativas. Por mais que amemos alguém, sua precariedade se revelará no convívio e seremos confrontados com nossa real capacidade de amar por meio da renúncia às expectativas e idealizações.

Assim, o casamento não é a solução para os problemas nem está fadado ao fracasso, a despeito de todos os seus críticos e/ou defensores. Como toda empreitada humana, o casamento pode ser uma construção criativa ou um aprisionamento.

Quando iniciamos uma relação amorosa, nada pode garantir que ela se transformará em casamento. Por mais que nos esforcemos e invistamos em uma relação, não podemos apreendê-la, não podemos determinar seu destino.

A relação é viva e transforma-se continuamente.

Assim como a vida, pela qual somos responsáveis, uma relação necessita do cultivo de ambos os parceiros para durar e bem durar; mas seu destino transcende todas as tentativas de controlar e determinar os acontecimentos.

Sem dúvida, a posição que adotamos diante de nossos parceiros pode favorecer, ou não, a realização de uma união. Tal abertura exige de nós entrega ao mistério e à instabilidade que caracteriza tudo que é humano. Casamento é um ato de fé.

Não é vocação de todos nem para todos; não nos torna melhores nem piores que os outros. Embora, para alguns, o casamento seja algo a evitar e, para outros, algo a buscar, no fundo, a abertura para a vida e para as diversas possibilidades que ela oferece no âmbito das relações amorosas é o que costuma proporcionar uma realização afetiva.

Na maioria das vezes, a clínica revela que há diversos mitos que cercam o casamento. As experiências de nossos ancestrais, seu contexto de vida, os valores culturais, a amorosidade presente ou não na relação, as expectativas envolvidas, os tabus, a qualidade do vínculo, todas as referências culturais e familiares que recebemos são fundamentais na forma de lidarmos com a experiência amorosa e conjugal.

Criamos imagens ou vivemos experiências indiretas por meio de nossos ancestrais que constituem uma mitologia.

Se observarmos a história de nossa família, identificaremos padrões de sofrimento e até mesmo um saber sobre relações humanas. Há formas ou referências transgeracionais de vivência da feminilidade, da masculinidade, da sexualidade, da maternidade, da paternidade, da maneira de lidar com emoções e sentimentos, com o sagrado e o misterioso, com a perda e a morte, com enigmas e questões existenciais.

Cada grupo familiar tem sua maneira de abordar a liberdade, a disciplina, a dor, a alegria, os conflitos. Há códigos e valores que são perpetuados e nos influenciam mesmo que não tenhamos consciência deles.

É muito comum na clínica ajudar as pessoas a discriminar os tipos de sofrimento, de tabus e de impossibilidades advindas de suas raízes e tradições familiares, assim como os saberes, as habilidades e as competências desenvolvidas pelas gerações. A tradição que carregamos sempre nos oferta sabedorias e sofrimentos.

Essa é a única maneira de alcançarmos a lucidez acerca da posição que adotaremos em nossa própria vida, que transcende o saber patrimonial e tradicional, embora o carregue.

Para citar um exemplo, é importante para uma mulher reconhecer, quando a mãe, as avós, ou bisavós foram mulheres submissas, oprimidas, ou solitárias, que estas não desenvolveram suficiente senso de si mesmas e se posicionaram em relacionamentos considerando o outro seu esteio e segurança.

Talvez essas mulheres não tenham aprendido a se valorizar, consequentemente não puderam ofertar essa mesma experiência a suas filhas. Estas podem se vincular com parceiros que não conseguem reconhecer seu valor, e com isso perpetuar uma história de submissão e falta de reconhecimento em seu relacionamento.

É importante, por exemplo, um homem identificar em sua linhagem ancestral pai, avós e outros que foram ausentes, distantes e aprisionados em seu papel de provedor. Essa referência poderá influenciá-lo, fechando-o para novas possibilidades de uma vida mais plena e uma relação de companheirismo com sua parceira, em que outras de suas facetas poderão ser reconhecidas e valorizadas sem que isso ameace sua masculinidade; ao contrário, colabore para que ele amadureça e se torne inteiro.

Há padrões transgeracionais de casamento como experiência de aprisionamento, de manipulação, de infelicidade, de dificuldades de expressão, de solidão, de traição, acompanhados de tantas outras formas de sofrimento humano. Há também vivências de alegria, de comunhão, de companheirismo, de ajuda mútua.

A história de nossos pais, avós e de toda nossa linhagem ancestral materna e paterna oferece-nos um saber sobre relações amorosas e conjugais, enriquece-nos. Por outro lado, muitas referências nos contaminam, criando tendências para repetirmos histórias ainda não vividas e caminhos não trilhados por nós mesmos.

Podemos escolher diferente, escrever uma nova história, ter um destino próprio e criativo.

Observo, por exemplo, linhagens de homens infiéis à sua companheira, mulheres solitárias e não realizadas, casamentos que se mantêm por outros motivos que não o amor, homens violentos e mulheres submissas, mulheres cuidadoras e homens infantis, mulheres manipuladoras e homens solitários e ressentidos etc.

Esse fenômeno ocorre quando uma pessoa, seu pai, avô ou outros ancestrais, constrói um destino semelhante e não há ninguém que se reposicione diante das questões daquela família ou casal de modo a ultrapassar um sofrimento alimentado por gerações e gerações.

Muitos enredos dolorosos e infelizes se perpetuam até que alguém, por um imperativo de lucidez e desejo de se libertar do sofrimento, quebra a corrente e parte em busca de novas formas de viver.

Claro que esse é um processo por vezes árduo e muito difícil de ser empreendido sozinho. Na maioria das vezes, é necessária ajuda terapêutica, já que os meandros psíquicos são complexos e o auxílio pode ser bem-vindo e necessário.

Assim, a experiência do casamento carrega diversos significados e sentidos. Ao nos encontrarmos intimamente com alguém, nunca estamos de fato "sozinhos", há mais "gente" ali.

Cada casamento é uma nova tentativa da humanidade de encontrar-se em parceria amorosa. O sentido de um casamento vai ser dado pelos parceiros e pelo próprio casal; pode ser vivido como escolha, graça, bênção ou terror.

Muitos parceiros, depois de certo tempo juntos, julgam-se conhecidos. Isso ocorre, em geral, quando houve uma paralisação do crescimento individual e mútuo.

O estranho, o inesperado, sempre habita o outro e nós mesmos; não podemos apreender a totalidade que é a outra pessoa. Casamentos bons e duradouros costumam ter sempre espaço para o crescimento, para o desconhecido, para os riscos e para a singularidade de cada um.

O risco de morte da relação ou do outro, seja por morte física ou por separação, é o grande motor gerador da amorosidade. Uma relação amorosa é aquela que, paradoxalmente, carrega a possibilidade de terminar.

Dessa forma, a relação é honrada, cultivada e reverenciada. Alcança o registro do sagrado porque a relação, o outro e o si mesmo estão além de qualquer apreensão.

Quando a relação é tocada pelo mistério, transcende a questão psicológica, social e cultural do casamento; realiza sua dimensão espiritual, na medida em que nos leva para o território do sagrado.

O casamento torna-se alquímico, um caminho de transformação e encontro com a dimensão transcendente e espiritual da vida, com o outro fora de nós e com o outro em nós – inclusive o *outro absoluto*.

Parte II

A intimidade

Parte II

A irmandade

A intimidade como lugar:
a morada do nós

Se amor? Era aquele latifúndio. Eu ia com ele até o
rio Jordão... Diadorim tomou conta de mim.
RIOBALDO, EM *GRANDE SERTÃO: VEREDAS*
(GUIMARÃES ROSA)

A intimidade é, acima de tudo, uma construção, uma criação conjunta. Não é dada pronta nem está garantida pelo fato de amarmos alguém.

Para que a intimidade aconteça, é preciso que a relação seja revelação do amor, isto é, que esteja fundada na constituição de um *espaço* compartilhado e na experiência dada pelo *tempo* de convívio, aberta sempre para o *mais além*.

A intimidade é um espaço de revelação criativa e mútua, um dar-se a conhecer e uma abertura para conhecer o outro; é maravilhamento, estranhamento e reconhecimento da condição humana.

A intimidade é a experiência de ser mobilizado perenemente e é, de modo paradoxal, a experiência do repouso, da quietude, como um voltar para casa, lugar seguro e conhecido; é estar aberto à perturbação, à provocação de se saber não mais o mesmo e, no entanto, de conhecer-se cada vez mais.

É a jornada diária de partilhar profundamente com alguém a própria vida e enfrentar o risco maior do convívio: o amortecimento, a falta de contato, a perda da individualidade e da vitalidade, portanto a mesmice.

A palavra "intimidade" vem do latim *intima*, que significa "mais interior", e revela a dimensão profunda de um relacionamento. Alguns autores a definem como a capacidade de se conectar.

Compreendo a intimidade como o modo de a relação "abrir-se para dentro", ou seja, o que a interioridade é para um indivíduo a intimidade é para uma relação. É o lar, a morada do *nós*.

Quando a pessoa se engaja na construção dessa morada, fundada no anseio de amor e na esperança, abre-se para dentro e para fora de si mesma; é isso que possibilita o encontro com o outro e consigo mesma. Há nessa morada aconchego, nutrição, beleza, quietude, amor e esperança. Há possibilidade de repousar e caminhar, enraizamento e transcendência.

Observo que casais aptos a criar intimidade estão também muito empenhados em seu trabalho pessoal; isso quer dizer que não pode haver intimidade sem abertura para o crescimento. Sem contato vivo não há intimidade.

Intimidade implica capacidade de união e entrega a outro fora de nós e a outro em nós. A união e a entrega promovem revelações, muitas vezes de nossos aspectos sombrios.

Em qualquer processo de crescimento, sempre há o encontro com a "sombra", com nossos aspectos obscuros, pontos cegos do psiquismo, que muitas vezes são desagradáveis, pouco nobres ou até mesmo dolorosos e nos trazem sofrimento. O encontro com nossos aspectos sombrios por vezes se dá em forma de crises pessoais e dificuldades. Discutiremos melhor esse tema adiante.

Muitas vezes as crises denunciam que é hora de nos transformarmos, outras vezes revelam estagnações ou ainda necessidades a que não estamos atendendo, excessos e carências não conscientizados. Geralmente, apenas apontam aspectos de nós mesmos que ignoramos e dos quais precisamos tomar conhecimento, como desejos, sentimentos, atitudes, sonhos, capacidades, limites etc.

Um casal que não passa por crises é um casal "morto". Dessa maneira, crise é sinal de vitalidade, de possibilidade de transformação, renovação e crescimento. Juntos ou separados.

As crises podem revelar nossas potencialidades e, se não forem enfrentadas, funcionam como sementes guardadas em uma gaveta.

Assim como vivemos crises pessoais, o casal como unidade também apresenta pontos cegos, pontos críticos e de tensão, desafios, conflitos e dificuldades, problemas de comunicação, chamados para a conscientização, a lucidez e o crescimento.

Todo casal carrega aspectos saudáveis e não saudáveis, dificuldades que precisarão ser trabalhadas para ser superadas.

Alguns casais se comunicam muito bem sexualmente, mas têm dificuldades em se fazer compreender quando conversam e se defrontam com diferenças. Outros sabem conversar por horas a fio, mas seus tabus e conflitos sexuais os impedem de se entregar nessa dimensão da relação.

Há parceiros que fluem com facilidade quando precisam um do outro, em momentos difíceis, mas não sabem se divertir e criar leveza, confraternizar, brincar etc. Há ainda os que são bastante companheiros em suas atividades comuns, mas não sabem apoiar um ao outro quando enfrentam desafios pessoais que não incluem a participação direta do parceiro.

É possível para um casal compreender os pontos sensíveis e frágeis de cada um e da própria relação. Assim como as pessoas, os sistemas íntimos têm vulnerabilidades e tensões que precisam ser percebidas, respeitadas e, por vezes, curadas, dependendo de sua extensão e profundidade.

Infelizmente, muitos casais não realizam as tarefas fundamentais para alcançar intimidade, mesmo que convivam toda uma vida.

A intimidade só pode ser alcançada, e não há garantias de que ela possa ocorrer; sem dúvida, afeto e amadurecimento, além de um conjunto de atitudes amorosas facilitadoras, ajudam. Mas a intimidade é obra da *graça*. Acontece no *entre*, no espaço de mistério que habita a relação.

Intimidade implica união com preservação de identidade. Envolve a entrega ao desconhecido que há no outro e em si mesmo, portanto se constrói com a coragem e a abertura para encontrar o estranho em si mesmo.

A intimidade está relacionada com a capacidade de revelar-se, de ser transparente, expressar necessidades, sentimentos, fragilidades e ambiguidades; é correr o risco de entrar nos lugares sombrios do nosso mundo interior e dar permissão para que outro também adentre esses espaços, muitas vezes desconhecidos até para nós mesmos.

Intimidade é capacidade de confiar, de ser humilde, de revelar a própria vulnerabilidade.

A proximidade amorosa e íntima desafia as imagens e ilusões que criamos sobre nós e o outro, chamando-nos para trabalhar sobre esses padrões de expectativas que podem ser padrões de isolamento e defesa, ou até um anseio espiritual não conscientizado.

Muitas vezes esperamos de nosso parceiro o que somente a relação com o divino pode nos proporcionar. Se confundimos essas dimensões da vida e do relacionamento, estamos impondo a nosso companheiro, ou a nós mesmos, incumbências sobre-humanas.

A insatisfação em uma relação pode estar associada com expectativas espirituais ou ainda com carências psíquicas que precisam ser trabalhadas pela própria pessoa – das quais outro não tem como dar conta, por mais amor que haja em uma relação. A insatisfação pode ainda revelar que os parceiros precisam assumir destinos separados.

A intimidade se caracteriza também por uma capacidade de perceber o novo no mesmo. Em relações longas, devido à rotina e ao cotidiano, tendemos a imaginar que já conhecemos o outro e a nós mesmos, que já não há nada mais a descobrir.

Olhar o outro sem enxergá-lo pode advir de uma sensibilidade embotada ou do amortecimento, da estagnação que destrói muitas relações. Obviamente, quando há um convívio intenso e duradouro, é preciso trabalhar um pouco mais para preservar o frescor da relação.

Abertos para nossa sensibilidade, somos capazes de perceber as sutilezas do mundo exterior. Isso é fundamental em uma relação longa, em uma vida extensa, em um amor duradouro, em que a simplicidade e os pequenos gestos precisam ser reconhecidos.

Quando acabamos de conhecer alguém, a própria circunstância do encontro pode ser encantadora e excitante. Após longos anos, a excitação por si não dará conta da renovação; haverá uma luta contra o tédio, a mesmice, a armadilha de anestesiar os sentidos.

Assim é também com toda a vida. Há, no envelhecimento, o risco da amargura, da desesperança, da rendição; há também a possibilidade de desenvolver sabedoria e alegria. Após o processo de construção de si mesmo, no envelhecimento o tempo é de desconstrução dos papéis e funções que desempenhamos e, consequentemente, de menos lutas, disputas e coisas a conquistar, provar e autoafirmar. Pode haver mais graça e desenvoltura, menos constrangimento e tensão, maior desfrute do que antes passaria despercebido. Não há tanta pressa em chegar, há mais abertura para a própria viagem.

Em uma relação longa, que, portanto, envelhece, o poder dá lugar à entrega. Será preciso sensibilizar-se, apurar os sentidos e a atenção para perceber os pequenos detalhes, as nuanças, as delicadezas e o eterno renovar-se das experiências no contato com o outro.

Como eu disse antes, na relação íntima se dissolve a ilusão de que o parceiro é perfeito e nos trará todo o amor e a felicidade almejados.

Esse é um anseio legítimo, mas de outra natureza: é um anseio pelo sagrado em nossa vida, pela presença do divino; é a face do divino que também está presente no outro em sua unicidade e humanidade, que é diferente da onisciência, da onipresença e da onipotência.

É muito comum nos relacionamentos afetivos a sobrecarga advinda da expectativa de que o companheiro tenha qualidades divinas; é quando o idealizamos e idolatramos, o que é muito diferente da sacralização da relação.

Quando compreendemos e compartilhamos nossa humanidade comum subjacente, somos capazes de lidar com aspectos nem sempre agradáveis ou nobres de cada um, aceitando sua condição humana. Aí, sim, podemos contemplar sua face divina.

A relação íntima pode ser, então, um caminho que nos leva à plenitude. Plenitude é diferente de perfeição. Perfeição é atributo do divino; plenitude e realização são possibilidades humanas. A plenitude contempla a realização de nossa própria humanidade, o que inclui sofrer, errar, ser frágil, incompleto e inacabado.

É importante fazer estas distinções: relacionar-se com o parceiro humano que carrega em si o divino, o sagrado e a potência de ser; relacionar-se com o divino e o que ele significa para cada um.

Quando há um sentimento de insuficiência na relação, é preciso refletir e observar se tais confusões estão presentes.

O poder e o amor absolutos, a compreensão e a presença absolutas não podem ser alcançados na condição humana, relativa, temporal e precária.

Quando há confusão, pode-se invalidar o que seu parceiro tem de precioso (já que não é absoluto ou perfeito), até o anseio legítimo da espiritualidade.

A relação íntima nos ajuda a recolocar a questão da espiritualidade ou até da religiosidade em seu devido lugar. A dimensão espiritual está presente em uma relação amorosa desde que a condição humana de cada pessoa seja contemplada. Aí, sim, ela pode ser integrada à vida.

Quando compreendemos nossa condição humana, tornamo-nos mais humildes e acolhedores, ampliamos e realizamos nossa capacidade empática, natural e espontânea. Além disso, desenvolvemos responsabilidade e clareza, já que percebemos que a relação amorosa é mutualidade, revelação do divino, o próprio caminho espiritual, e não mais a confundimos com busca de satisfação ou idolatria.

A intimidade e o tempo: a experiência e o amadurecimento

Pode-se supor que a longa ligação que consolida o casal, que o enraíza e cria uma afeição profunda, tende a destruir exatamente aquilo que o amor continha em seu estado nascente. Mas o amor é paradoxal como a vida e, por isso, há amores que duram, do mesmo modo que dura uma vida.

EDGARD MORIN

Relacionar-se e construir intimidade é um processo que passa por várias etapas ou ciclos, segue ritmos e apresenta questões, temas e desafios que, se conseguirmos atravessar, nos levam ao estágio seguinte em contínua transformação.

Assim como para amadurecer uma pessoa tem de aprender a lidar com frustrações e dificuldades, um casal defronta com diversos obstáculos durante o convívio e precisa ser capaz de ultrapassá-los.

Um dos obstáculos comuns no caminho da intimidade é a frustração. Frustrações fazem parte da vida e de qualquer relação verdadeira e baseada em convivência. Frustrações assentam-se, em geral, sobre expectativas que nutrimos quanto ao nosso parceiro e a nós mesmos e que estão enraizadas em nossa cultura amorosa.

À medida que amadurecemos, tomamos consciência de nossas expectativas irrealizáveis, o que diminui nossas frustrações e insatisfações. Reconhecer as expectativas torna o relacionamento mais íntimo, gera confiança e aceitação, pois nos possibilita enxergar nosso parceiro tal como ele é, e não como gostaríamos que fosse.

Os relacionamentos baseados em expectativas tendem a levar a rupturas e sofrimento, pois seus alicerces são muito frágeis.

Em geral, sentimos muita dificuldade de aceitar o outro como ele é; essa dificuldade se relaciona com as exigências a nós mesmos e também com o fato de não termos experimentado a aceitação.

Em nossa cultura existe o mito de que amar é apenas *igualdade*. O amor é confundido com *anulação* de si mesmo. Esse mito tem complexas raízes históricas e religiosas. É preciso compreender que quando nos anulamos deixamos de existir em nossas diferenças, experimentamos um vazio, uma agonia e uma solidão profundos, o que impede a possibilidade amorosa. Estamos *detidos* e fechados em nosso sofrimento. Em geral, esse estado de divisão e não existência tem origem em relações adoecidas em sua humanidade.

Já o *esvaziamento* de si é o estado amoroso de abertura para o outro (inclusive o outro em si mesmo), de renúncia consciente, de consciência e lucidez profunda sobre a condição humana, que pressupõe o acolhimento compassivo de si mesmo, inclusive do próprio vazio e da própria solidão. O estado amoroso inclui nosso sofrimento e o *transcende*. É a superação das divisões, é estar além dos estados de separação, que são transformados em *abertura*.

Observamos que os grandes mestres da humanidade, como Cristo e Buda, não anularam a si mesmos; ao contrário, eram capazes de se posicionar, enfrentar conflitos, sentir emoções como raiva e medo, entristecer-se, perder a fé e a esperança, experimentar solidão e desconsolo. Conseguiram *ir além* de si mesmos e, sem perder as raízes na condição humana limitada e precária, viver a entrega e a abertura ao mistério. A ressurreição e a iluminação acontecem como amor e sabedoria, a plena abertura ao outro, quando "o outro vive em mim".

À medida que amadurecemos, a capacidade de esvaziamento ocorre naturalmente; as lutas egoicas se desvanecem e surge, então, um estado de integração e unidade que contempla todos os demais. Embora carreguemos nosso ego até o fim da vida, outras dimensões de ser se revelam e se realizam – como o amor profundo, que descreverei adiante.

O desenvolvimento da intimidade

Tire as sandálias de teus pés, porque a terra em que estás é uma terra sagrada.

ÊXODO

Assim que se é posto à prova, na cinza do óbvio...

ADÉLIA PRADO

A construção da intimidade acontece, em geral, em etapas e fases, assim como o desenvolvimento pessoal.

O que a maturidade é para um indivíduo, a intimidade é para um casal. É a faceta que revela o amadurecimento da relação.

É importante enfatizar que a experiência da intimidade é recriada pelo casal, embora possamos reconhecer algo universal nesses processos.

Assim como há infância, adolescência, juventude, maturidade e velhice, as relações também crescem e se desenvolvem: cada etapa é marcada por temas, desafios, questões, características, obstáculos e aprendizados que levam à realização da intimidade e da amorosidade.

Boa parte das pessoas não compreende esse processo e espera encontrar pronta, em algum lugar, uma relação amorosa e íntima. Quando aparecem os primeiros obstáculos a serem trabalhados e dissolvidos, e consequentemente a frustração e a dificuldade, essas pessoas acabam por romper a relação e buscar outro parceiro, repetindo um ciclo interminável de situações abertas e permanecendo em um estágio primitivo de seu desenvolvimento pessoal e amoroso.

Quando isso ocorre, perde-se a oportunidade de experimentar *profundidade* nos relacionamentos.

Vários autores já trataram dessas etapas e utilizam termos semelhantes para se referir ao processo de construção da intimidade e do desenvolvimento amoroso.

O terapeuta junguiano norte-americano Robert A. Johnson, o médico indiano Deepak Chopra, o psicanalista alemão Erich Fromm, o psicoterapeuta brasileiro Roberto Crema, o monge vietnamita Thich Nhat Hanh, entre outros, oferecem contribuições importantes para tratar da intimidade e descrevê-la em nosso ciclo vital. O leitor interessado pode consultar as obras citadas no final deste livro e ampliar suas reflexões.

Os poetas também nos ensinam sobre a condição humana e a experiência amorosa, revelando sua dimensão estética.

Acrescentarei a essas perspectivas minhas próprias ideias e observações, que começaram a ser discutidas na obra *O amor na relação terapêutica* e se apresentam aqui de forma mais elaborada, extensa e profunda.

Para tratar do processo do desenvolvimento amoroso, Chopra considera as seguintes etapas: *atração, enamoramento, corte, intimidade, entrega, paixão* (que difere de amor romântico) e *êxtase*. Crema utiliza termos gregos para nomear processos similares: *porneia, eros, philia* e *ágape*. Johnson aborda o amor romântico como um fenômeno característico do psiquismo ocidental e uma abertura para a dimensão espiritual da existência, e Fromm trata das diferentes manifestações amorosas do ser humano considerando o amor "a resposta amadurecida ao problema da existência".

A seguir, vou abordar as etapas do desenvolvimento da intimidade e relaciná-las com as formas de expressão da amorosidade.

O amor é acima de tudo um mistério, da ordem do transcendente, pois não podemos explicá-lo ou apreendê-lo; no máximo, conseguimos descrever parte da experiência amorosa e compreender sua importância e sua relação com o significado e o sentido da vida humana.

Mencionei na Introdução que compreendo o amor não como *sentimento* – embora os sentimentos componham a experiência amorosa –, mas como atitude, posição, abertura, "estado-de-ser", algo que se *é*, e não que se *faz*.

O chamado amor romântico, ou paixão, é um fenômeno bastante significativo para nós ocidentais e envolve os processos de atração, enamoramento, corte e conquista. A paixão poderia ser considerada uma fase na qual florescem *porneia* e *eros*, as etapas iniciais do desenvolvimento da amorosidade. A etapa seguinte, a intimidade, relaciona-se com a vivência de *philia* e *ágape*, o ápice do desenvolvimento relacional e amoroso.

Vamos descrever esses processos mais detalhadamente. O amor romântico tem sido considerado, em nossa cultura, a forma fundamental de vivenciar o amor; podemos constatar esse fenômeno ao observar as manifestações culturais e artísticas. Encontramos na dramaturgia, na música, na literatura e em nossa vida cotidiana o romance como o modo ocidental de "ter" amor.

O êxtase é uma das principais manifestações do romance; quem já se apaixonou jamais tem dúvida a esse respeito. Quando apaixonados, somos transportados a um estado de graça, no qual a vida adquire cores e sentidos indiscutíveis, além de nos sentirmos abençoados, especiais e plenos de alegria.

O que acontece é uma vivência espiritual, um lampejo do mais além, uma experiência da ordem do sagrado, a transcendência das coisas e das preocupações mundanas. O sofrimento fica relegado a segundo plano, e o outro passa a ser tudo aquilo que procuramos; o outro é percebido como perfeito, essencial, responsável por nosso estado de êxtase e maravilhamento. Elevamos o parceiro ao *status* de divindade, nossa percepção é alterada e vivemos um estado de abertura e comunhão sem fronteiras.

O amor romântico, entretanto, tem uma natureza transitória, já que esse arrebatamento se dissolve gradualmente à medida que o convívio entre os parceiros se intensifica e a rotina se instala.

Embora ocorram processos psicológicos no amor romântico, acontece a abertura de uma "fenda" no ego, que nos permite vislumbrar dimensões espirituais no encontro humano. Isso torna o amor romântico uma experiência rica e mobilizadora se compreendermos seu "chamado" para a plenitude e para a dimensão transcendente da vida. Somos visitados pelo *outro*.

Adiante, discutiremos essa dupla natureza do amor romântico e sua importância em nosso processo de amadurecimento e plenitude. Veremos a função desse fenômeno na vida do homem contemporâneo, assim como as armadilhas que essa vivência oferece quando não ampliamos a consciência para o mais além.

Uma vez assolados, arrebatados, somos chamados à transformação. Se não compreendemos esse chamado, cristalizamos nossos relacionamentos, que carecerão de intimidade, pois estaremos sempre em busca do êxtase, que nessa etapa aparece como lampejo. É um chamado para o enraizamento necessário e para pôr em marcha um processo de transformação muito mais amplo e profundo.

Esse lampejo nos desperta para nossa natureza transcendente e espiritual e para a possibilidade da vivência do amor humano que nos posiciona diante do destino e do resgate de nossa conexão com o divino. Adentramos a dimensão sagrada da existência por meio do encantamento, do vislumbre do *sublime*.

Quando apaixonados, tornamo-nos abertos, corremos riscos, nos entregamos. Essa afirmação da vida é um chamado para um novo estado de consciência que nos reposiciona diante da existência.

O caminho iniciático de uma relação amorosa em geral começa na estação denominada *atração*. É o começo do romance, tão bem descrito por Chopra. Segundo ele, o que leva alguém a se sentir atraído por outro é da ordem do mistério. Contudo, em geral, há um estado inicial de anseio por atração: um sentimento de solidão, uma busca de aprovação, de experiências mágicas, uma expectativa.

Entretanto, o que possibilita a vivência da paixão, em um primeiro momento, é sentir-se digno de ser amado por alguém. Há um resgate de si mesmo na experiência de apaixonar-se, do aspecto sagrado da própria vida, da possibilidade de união. É como se encontrássemos o caminho de volta para casa.

A vivência da precariedade e da instabilidade humana é uma das facetas do apaixonar-se; é uma experiência paradoxal de encontro com a realidade humana e, ao mesmo tempo, com a possibilidade de estar além dela, de "viver no mundo sem ser do mundo".

Assim, é um equívoco compreender a paixão apenas em seu registro psíquico. O fenômeno da paixão não envolve apenas fantasias ou projeções de expectativas, configura-se em um acontecimento espiritual, na visitação do transcendente, na abertura da consciência ao outro e ao Outro, que ultrapassa momentaneamente a dualidade para experimentar a unidade e conectar-se com a fonte de amor, simbolizada pela união com o parceiro.

O estado de êxtase característico da paixão é passageiro. Embora seja maravilhoso, não suportaríamos viver apaixonados o tempo todo. É como encontrar de perto o Sol: seríamos destruídos, absorvidos, derretidos.

O tempo costuma ser o senhor da paixão, pois revela sua impermanência, dolorosa faceta da condição humana. A paixão tem uma duração, é transitória (em geral, dura até quatro anos), e feliz e infelizmente termina, assim como tudo na vida. Felizmente, pois sucumbiríamos a seus encantos, estaríamos impossibilitados de lidar com outras facetas da existência; infelizmente, porque tudo que nos é caro passa, acaba, e a passagem implica a dor da perda.

Apaixonar-se é uma experiência *radical* (da raiz) de vida e morte; pode ser um despertar para dimensões ainda não vislumbradas.

Sentimo-nos vivos como nunca e somos visitados pela morte. O êxtase e o encantamento terminam.

A paixão é, então, uma experiência de profunda transformação. Ela anuncia o novo, o inédito, o sempre passageiro; inaugura diferentes possibilidades, nos torna o que já somos em potência, criativos, abertos, seres em travessia.

Mas atravessar o romantismo é fundamental. A morte do êxtase oferece o nascimento de muitas possibilidades. O anseio e a busca presentes na atração só cessarão quando a pessoa caminhar para outra etapa, quando experimentar o sentimento de dignidade, de merecimento, da possibilidade de ser e sentir-se amada. De outro modo, continuará em uma eterna busca sem encontro.

A fase do *enamoramento* é marcada pela idealização do parceiro; a atração se desenvolve para um afrouxamento das fronteiras e a liberação de antigos limites que levam a pessoa a vivenciar uma iluminação, um sentimento de unidade e eternidade, em que tudo que é conflitante perde a importância. O parceiro adquire o status de ser adorado, e a união ganha uma conotação de transcendência.

Chopra recorda que outras experiências na vida podem nos remeter a esses sentimentos: correr um grande risco e sobreviver, compartilhar o calor e a proximidade com alguém querido prestes a morrer, ser atendido após orar fervorosamente, contemplar a natureza e sentir-se parte de uma ordem maior, receber uma presença incondicional e amorosa em um momento difícil, ou até observar recém-nascidos em um berçário.

Essas experiências podem nos transportar a um estado de ser incomum quando vislumbramos e experimentamos o sentido da vida. *Sentimos* que há uma ordem cósmica e uma realidade espiritual, a teia da vida da qual todos somos parte. Todos somos *Um*.

A paixão seria o estopim dessa experiência, assim como o cume da montanha para o alpinista, a Terra vista do espaço para o astronauta ou as experiências de quase morte, relatadas por muitos pacientes em estado terminal.

As coisas que consideramos ordinárias são revestidas de uma aura de sentido, e a vida adquire novo significado a partir de determinada experiência. Já não somos os mesmos.

O encantamento que vivemos quando estamos apaixonados aparece como vislumbre, como lampejo do divino presente no humano. É a experiência do *sublime*.

Johnson observa que para nós ocidentais a paixão cumpre a função e ocupa o lugar da vivência espiritual, que migrou para o amor romântico. A ânsia pelo transcendental, por algo que nos escapa e nos arrebata, que rompe as fronteiras do isolamento e da separação, ou seja, a experiência religiosa, é o que o homem ocidental procura no amor romântico.

Essa experiência nos transporta além das vivências ordinárias e nos revela a dimensão transcendente e sagrada da existência, na qual não há divisões e dualidade.

Quando nos apropriamos dessa função, estamos prontos a crescer e a integrar os aspectos "divinos" que atribuímos ao outro; compreendemos a natureza divina e humana de ambos, diferenciando o parceiro de nossas imagens internas e de nossa vivência interior. Essa diferenciação permite, paradoxalmente, a abertura para amá-lo em toda sua humanidade.

Na fase do *enamoramento*, então, tomamos posse de nossos desejos e atribuímos um "lugar" para o outro em nossa vida.

A *corte* é considerada a fase na qual passamos a investir nossa energia na conquista do ser amado, ou seja, buscamos gerar no outro a mesma atração que sentimos por ele. Nessa etapa, há um desafio: dar um passo adiante e correr o risco da transformação e da abertura ou voltar ao antigo padrão de antes do encontro. Como nesse momento há um afrouxamento das defesas, nosso ego fica muito ameaçado e passa a lutar para preservar seus padrões conhecidos.

Na fase da corte é comum que apareçam as carências de ambos os parceiros, as fragilidades pessoais e, consequentemente, a expectativa de que o outro venha nos suprir, o que gera frustração e insatisfação. É um período arriscado, quando muitas relações se rompem, pois é preciso fazer uma escolha entre continuar e abrir-se para a transformação e o contato com os próprios aspectos dolorosos e insatisfeitos, ou recuar, romper e se recolher ao seguro.

Corre-se o risco de evitar a vivência da alteridade, de perder a vivência simbólica contida na experiência, a realização profunda do encontro.

Nessa fase somos chamados a crescer, amadurecer e examinar os pontos cegos e frágeis de nossa existência, que tendemos a evitar ou projetar sobre os demais.

A dimensão reveladora do amor liberta não só a alegria, mas nossa condição de exílio, vulnerabilidade e sofrimento, a experiência humana de "estar sem prumo" e ao mesmo tempo transformar-se continuamente, de mirar o horizonte, de viver e morrer, de *lançar-se* no mistério. O encontro amoroso é fé e esperança.

As emoções extáticas iniciais dão lugar à frustração e ao medo, pois o cotidiano revela nossos limites e imperfeições e a imagem idealizada do outro e de nós se desfaz. Passamos a ter dúvidas e questionamos o que parecia garantido. Somos jogados em um lugar de instabilidade, errância e solidão.

Perguntamo-nos se o parceiro realmente é a pessoa que amamos e se desejamos continuar com ele. Ficamos desconfiados, já que as diferenças são evidenciadas, reveladas, e nem sempre há disponibilidade de aceitá-las. Conflitos começam a aparecer e, em muitos casos, uma luta de poder se instaura: "Quem está certo", "Quem está errado", "Quem ama mais", "Quem ama menos" etc.

O sentimento de união e comunhão se dissolve, e passamos a nos perceber de uma perspectiva isolada e solitária. Quando isso acontece, o ego fica ameaçado e acirramos nossas defesas; a evitação do sofrimento psíquico gerado nas relações originais se acentua, já que nossos dramas infantis são reencenados e revisitados.

Não há um único ser humano que não tenha sido ferido ou magoado na vida. Não há um único ser humano que não tenha experienciado a solidão e o "não-ser" em alguma faceta de sua existência. Todos experimentamos um desamparo fundamental.

A consciência da própria fragilidade e dos próprios sofrimentos e a presença humana diante de nossos aspectos desintegrados, desconhecidos e não confirmados é que possibilitarão transcendê--los, dissolvendo os padrões defensivos e alcançando a possibilidade de amar. Os padrões defensivos que carregamos na maioria das vezes ocupam lugares vazios em nós, nos quais a presença humana nos faltou.

Aqui se concentra a grande oportunidade de uma relação amorosa: promover o encontro com os aspectos feridos que serão revelados pelo outro. Nossa sombra será iluminada, experiência que constitui um encontro com a morte.

Acompanhados em tal experiência, podemos atravessá-la e ultrapassá-la, reconquistando nossa condição de caminhantes e peregrinos pela existência, renascendo para um novo estado de consciência. A presença de outro significativo nos possibilita construir em nós esse estado de presença que permite, inclusive, nos darmos conta de nossa própria solidão constitutiva e da condição humana, que inclui nascer e morrer.

Nesse sentido, a relação amorosa é uma das mais fecundas possibilidades de transformação, crescimento e realização do potencial humano. É um encontro com o sagrado. Encontrar o outro *fora* de nós é encontrá-lo *dentro* de nós, com todos os seus recursos e aspectos sombrios, e em contínua transformação.

Quando experimentamos o impasse de prosseguir ou romper a relação, algo muito maior acontece: o confronto com o medo do sofrimento, com o próprio sofrimento e com o medo da morte, pois intuitivamente sabemos que a abertura contempla a entrega ao desconhecido, o descontrole, o fim de um sentido de eu que agora se transforma. Tomamos consciência da fugacidade, da finitude e da mudança permanente da vida. A proximidade com o outro revela o que não foi transcendido, transformado e curado;

tendemos a repetir os enredos originais ou a nos agarrar ao conhecido em busca de estabilidade, "fugindo" da morte. Nossos aspectos "mortos" nos são apresentados em forma de mal-estar, desconforto, insatisfação, dúvidas e medos de vazios; tal revelação é bastante dolorosa.

Quando a relação e os sentimentos sustentam essas vivências, os parceiros podem prosseguir e tornar tal experiência profundamente enriquecedora, já que são chamados a se apropriar de si mesmos, de seus aspectos doentios, feridos ou alienados, fazendo da relação um campo de solidariedade e apoio mútuo.

Ao se apoiarem, os parceiros podem encerrar experiências geradoras de sofrimento e inaugurar, por meio da própria criatividade, novos posicionamentos e, consequentemente, experiências inéditas, consonantes com seus valores, escolhas e sentidos, agora mais conscientizados. O sofrimento de outrora transforma-se em memória e sabedoria, não sendo mais obstáculo para a relação atual, que é de fato nova. Os parceiros ganham a possibilidade de reescrever a própria história amorosa longe da condição de reféns de padrões parentais, ancestrais ou culturais. Passam a ser autores de sua vida. Ofertam também à comunidade que os cerca novas referências, diferentes horizontes e uma nova estética para as relações amorosas.

No processo de conscientização dos aspectos sombrios de cada parceiro e à medida que as defesas se dissolvem, quando se percebe que a grande "ameaça" está em si mesmo e teve início um processo de reconciliação com seus lados carentes e feridos, o casal ganha intimidade, pois se torna menos defendido.

Quando os parceiros, ao contrário, se tornam prisioneiros dos conflitos, sem tomar consciência de suas responsabilidades pessoais nestes, são inundados por um mal-estar que acirra as defesas. Em estado defensivo, perpetuamos o jogo de poder que traz distanciamento, sofrendo e isolando-nos mais.

Os parceiros perdem a chance de resgatar seus próprios aspectos desintegrados que lhes roubam energia e vitalidade, transformando a vida psíquica e relacional em um campo de batalhas. O amor transcende nosso psiquismo, porém uma vida psíquica conturbada impede a fluidez do amor.

Assim, as relações íntimas são aquelas que acolhem os conflitos, as carências e até o ódio. Acolher significa abrir espaço para que os conflitos aconteçam e sejam ultrapassados, e não negados. É perigoso quando esses aspectos "tomam" ou inundam o casal, deixando-o aprisionado, sem conseguir atravessá-los, seja pelo silêncio, seja pela reflexão, pelo diálogo, pela consciência, pela responsabilidade, pela abertura e pelo perdão. Quando isso ocorre, o companheirismo e a comunicação são estilhaçados, pois não podem existir em um campo cujo reinado pertence ao poder. É preciso muita humildade para construir uma relação íntima.

Quando os parceiros tomam consciência de seus jogos psíquicos e dos processos de transformação em que estão envolvidos, criam uma aliança amorosa e tornam-se cúmplices.

O amor pode ser partilhado. Não há um doador nem um recebedor de amor. Não há contabilidade. Nem perdedor nem ganhador. Não há o pior e o melhor. Todas essas dicotomias egoicas se dissolvem momentaneamente. Há apenas amor.

Embora o amor seja ofertado pela graça, a relação amorosa é alcançada com muito trabalho. E não existe um momento a partir do qual nosso ego desaparecerá para sempre. O importante é nos conscientizarmos de quando ele tenta tomar o poder, para irmos além.

Poucas das pessoas com quem trabalhei tinham consciência de que se casar ou ter uma relação íntima com alguém é uma escolha com tais implicações.

Há muita renúncia na vida comum, aspectos do eu que serão dissolvidos ou não contemplados. A baixa tolerância à frustração, a incapacidade para abdicar do prazer imediato, o aprisionamento em estágios primitivos do desenvolvimento psíquico e a falta de referências e de compreensão dos processos naturais de crescimento pessoal e relacional impedem muitas pessoas de vivenciar amor e intimidade.

Elas ficam estancadas em fases do desenvolvimento que não possibilitam a experiência íntima e amorosa.

Infelizmente, nossa cultura não nos oferece referências para compreender esses processos. Os jovens são especialmente prejudicados, pois são bombardeados por mensagens que criam a imagem de relações perfeitas, como vemos em novelas ou revistas semanais.

Em nossa cultura não há lugar para pessoas comuns, para os parceiros de "carne e osso", que não são tão encantadores quanto a "alma gêmea" e nos dão milhões de motivos para "partir para outra". O que não percebemos é que tais expectativas criam uma impossibilidade: a de construir uma relação *humana* que, a despeito de nos dar motivos para partir, nos fornece tantos outros para permanecer.

Há relações que se esgotam, equívocos, desencontros; há sentimentos iniciais que se dissolvem ou se transformam, e a relação perde o sentido. Quando o desencontro se instala e a relação e o afeto não dão conta de sustentá-lo, é desejável que cada parceiro se despeça e finalize essa etapa de sua história.

O que quero assinalar é que a aparente abertura a vários relacionamentos pode esconder imaturidade psíquica ou posicionamento defensivo.

Em nossa cultura, uma das confusões relativas à construção da intimidade é a questão do amor e do prazer. O amor inclui a vivência do prazer, mas o transcende e dele se diferencia. São como o todo e a parte.

Se o casal não for capaz de transcender a busca de prazer e ampliar seu campo vivencial, a relação estará fadada ao fracasso. Isso porque não há como sustentar o prazer sem incluir a frustração, as renúncias, o desconforto, os desencontros, os desentendimentos, as discordâncias e o desprazer.

Existem pessoas que se mantêm juntas pelo resto da vida, pois há muitas coisas que as unem além do amor: o ódio, os interesses, as conveniências, o medo da solidão, a vaidade, a dependência etc.

Se até há bem pouco tempo os casais permaneciam juntos, mesmo que não se amassem mais, não construíssem mais nada juntos e tivessem relações extraconjugais para manter as aparências, hoje muitos deles tratam dificuldades como fracassos, em vez de perceber que os obstáculos são as vias que podem levar a descobertas importantes e a uma experiência de realização amorosa.

Se antigamente a sexualidade era colocada em segundo plano, se havia relações extraconjugais que davam conta dos desejos secretos ou não compartilhados, ou o "celibato" podia ser tolerado até o fim da vida, hoje qualquer abalo ou transformação do desejo sexual (e é claro que isso acontece em relações de longa duração) é sinal de que os parceiros devem se separar e nada mais existe em comum entre eles.

No fundo, a sexualidade continua um tabu, mas pelo lado oposto, o avesso de tempos atrás. A sexualidade encontra-se ainda dissociada e/ou misturada à vivência amorosa, quando é colocada fora do contexto da relação entre os parceiros.

A sexualidade na vida do casal pode implicar fidelidade, mas não se restringe ao contato com o parceiro. Isso quer dizer que temos a liberdade de escolher *como* vamos vivê-la.

Quando casais consideram o sexo a única possibilidade de expressão do amor, estão muito limitados em suas possibilidades e potencialidades. Da mesma maneira, um casal estagnado sexualmente, cujo encontro é permeado por tabus e dificuldades paralisantes, também sofre impedimentos à entrega e à liberdade.

As polarizações, em geral, revelam obstáculos ao crescimento da própria relação, seja no âmbito da sexualidade, seja no de outras formas de expressão e realização.

O risco é sempre reduzir a complexidade de uma relação à sua faceta sexual, ou seja, considerar essa ou outras formas de prazer ou ausência de prazer a referência única de manutenção do próprio vínculo. Uma relação com tais características está empobrecida do ponto de vista afetivo.

Fazem parte da vida de quase todos nós os encontros furtivos ou casuais, fundados apenas no prazer e no desfrute de bons momentos ao lado de alguém agradável e atraente. O problema existe quando a pessoa está cristalizada nessa forma de aproximação, reduzindo sua vivência amorosa a essa dimensão da experiência sem se perceber fechada para o novo e o mais complexo.

Claro que não precisamos nos manter casados se não há respeito e amor, mas temos de tomar cuidado para não cair em outro extremo e passar da conveniência social para a superficialidade, quando o único elo com as outras pessoas é o prazer.

Voltando às etapas descritas por Chopra: quando os parceiros se abrem e aceitam os desafios da atração, do enamoramento e da corte, começam a experimentar a *intimidade*; a relação transforma-se em um compromisso, ou seja, apoia-se na escolha de compartilhar a própria vida com alguém especial.

Há entrega, envolvimento e um real interesse em crescer junto com o parceiro; nascem sentimentos como compaixão, devoção, aceitação e compreensão.

O sexo acontece não apenas como instrumento de sedução e conquista, mas como expressão de afeto, ternura, beleza, suavidade.

Nessa etapa tem início uma libertação das exigências, das expectativas, das demandas e dos conflitos do ego e de sua necessidade de controle, poder e autoafirmação.

A humildade dos parceiros floresce, assim como a capacidade de ceder, de renunciar sem se sentir lesados por isso.

Conflitos existem e sempre existirão, mas a atitude dos parceiros se torna mais criativa e cooperativa quando compreendem que eles são oportunidades de renovação, de revisão, de mudanças ou de conhecimento mútuo. Os conflitos promovem a ressignificação da própria relação.

A transparência e a entrega permitem a experiência da leveza, da simplicidade. É possível criar uma parceria de confiança, na qual se pode contar com o outro, brincar, divertir-se e viver as aventuras da vida.

A intimidade possibilita que a próxima etapa, a *entrega*, flua com maior facilidade. Entregar-se quando se está apaixonado é bastante fácil e espontâneo, mas em uma relação duradoura, não mais fundada no romance, a entrega passa a ser um trabalho e uma escolha conscientes.

Chopra afirma que "o romance é um estado temporário do sagrado. O relacionamento o torna permanente".

Nessa frase o médico enfatiza a natureza sagrada da relação, diferenciando-a do romance, de caráter transitório e fugaz, embora signifique um lampejo, uma abertura ao sagrado, para continuarmos a crescer e ampliar nossa consciência e amorosidade.

Em nossa cultura, entretanto, a entrega é mal compreendida ou tem a conotação de resignação, submissão e derrota. Podemos observar quantas pessoas costumam conter-se, esconder o que sentem ou perceber-se fragilizadas diante do outro por quem estão apaixonadas.

Esse é mais um dos jogos do ego advindos de um estado de separação, de isolamento, que nos torna perseguidos ou perseguidores, ameaçados ou ameaçadores, como se houvesse sempre alguém "lá fora" de quem se proteger para não ser ferido ou derrotado. Quando não existe entrega, há disputa, luta, competição e jogo de poder. Há quem chame de "jogo do amor" aquilo que não passa de "jogo do ego".

Onde existe prevalência do ego não pode haver amor, que é justamente a transcendência, a libertação do próprio ego, a entrega ao mistério, o esvaziamento de si.

No casamento, os parceiros vão necessariamente deparar com esses jogos, esses combates do ego. O crescimento vai se dar à medida que o casal deixa de lutar, desnudando-se, desatando o coração. Transformando paciente e delicadamente nós em laços.

O amor pode acontecer quando derretemos as armaduras e superamos a necessidade de combater.

Sabemos o que significa, no Ocidente, ceder, renunciar, ponderar, conceder. Em uma cultura excessivamente individualista e competitiva, a abertura pode significar ameaça ao estado de ego isolado característico do individualismo e da tentativa de manter o poder e o controle.

Normalmente, as atitudes de abertura são carregadas de uma conotação negativa, como se denotassem fraqueza, derrota e fracasso. É preciso rever esses significados, já que é impossível conviver profunda e longamente com alguém e compartilhar o que quer que seja com ele se a entrega não for alcançada, se o senso de ameaça e autoafirmação do ego não diminuir.

É necessário, entretanto, diferenciar o que é entrega, renúncia e concessão e o que são atitudes que se originam não do amor, mas de um ego frágil, sem fronteiras, que se mistura e confunde com o outro, em um processo simbiótico e confluente, fruto da imaturidade psicológica.

Ceder e renunciar não são formas de *evitar* o conflito porque no fundo não sabemos lidar com ele, tampouco são atitudes fundadas no medo, seja de abandono, seja de perda, rejeição ou reprovação.

Algumas pessoas "acreditam" ser amorosas porque não confrontam, priorizam a necessidade ou o desejo do parceiro, não discutem nem discordam ou entram em conflito.

Aqui se apresenta uma confusão *eu-outro*, um pseudoaltruísmo, que é, no fundo, uma defesa contra o sofrimento psíquico, e não uma renúncia amorosa.

Todos nós, sem exceção, somos defensivos em alguma medida; as defesas garantem nossa sobrevivência física e psíquica. O problema surge quando ficamos reféns delas. Justamente por isso nem tudo que parece amoroso de fato é.

O ego só pode ser transcendido quando há um ego constituído. Algumas pessoas ainda não desenvolveram um senso de diferenciação e um sentido de si mesmas suficientes, então não podem dissolvê-lo se não há o que ser dissolvido.

Precisam, muitas vezes, de ajuda terapêutica para primeiro se configurarem como pessoas inteiras, senão estabelecerão apenas relações baseadas em dependência.

As aderências e dependências não refletem amor, mas um aprisionamento nas próprias carências. Referem-se à nossa dimensão psíquica, às necessidades emocionais básicas, e não à abertura a outro além de nós.

Se o psiquismo não está desenvolvido suficientemente, há uma dificuldade profunda de lidar com diferenças, que passam a ser sentidas muitas vezes como abandono e falta de amor.

Quando isso acontece, é sinal de que há jogos mentais e sofrimentos psíquicos envolvidos. A pessoa terá de se resolver com as feridas afetivas, que provavelmente se formaram na infância ou em outras fases da vida e podem comprometer a experiência presente se não forem conscientizadas e atravessadas.

Chopra nomeia o próximo estágio do desenvolvimento amoroso de *paixão*, diferenciando-o do romance ou amor romântico. Ele se caracteriza por reacender a paixão, mas não necessariamente em termos sexuais, como no início do percurso.

Aqui, paixão advém de um nível profundo, do encontro com o masculino e feminino universais, das forças de criação, de um estado de ser, estar e sentir-se vivo que nos capacita a nos ver no outro e ver o outro em nós.

O que começou como abertura no romance se realiza na paixão, quando os parceiros compreendem profundamente o significado do casamento como experiência sagrada.

É o que os orientais chamam de integração *yin* e *yang* e nós ocidentais de polaridades *masculina* e *feminina* ou *casamento sagrado*, o encontro das forças criativas e criadoras do universo.

O casamento assume o significado sagrado da vivência do divino no profano, da natureza divina na natureza humana. A relação passa a simbolizar o vínculo com todos os outros seres.

Seguindo ainda as ideias de Chopra, a *ascensão*, ou *êxtase*, é o estágio final do desenvolvimento amoroso. Apenas quando a pessoa transcende as barreiras da separação, do eu, do você e até do nós, há uma compreensão profunda da natureza da existência. O relacionamento consigo mesmo, com a natureza divina em si mesmo, é restaurado, resgatado, curado.

Por meio da relação com o "outro", experimentamos quem de fato somos, conhecemos a nós mesmos – um processo que jamais termina, já que o fluxo da vida continua.

Na linguagem bíblica, é quando "o filho pródigo retorna ao lar Paterno", quando "Deus habita em nós" ou "Eu e o Pai somos UM".

Em termos míticos, essa é a trajetória rumo ao inconsciente, retratada pela jornada heroica e pelos desafios das divindades mitológicas.

Assim, o êxtase é a própria libertação espiritual, a possibilidade da plenitude e da realização, da paz, da união.

É quando *ágape*, o amor crístico ou búdico, nos arrebata.

Crema também estudou o desenvolvimento da amorosidade, e seu pensamento encontra algumas convergências e diferenças com o de Chopra.

O primeiro estágio desse processo é quando somos capazes de vivenciar *porneia*, o amor característico da infância, que precisa consumir, receber, para se nutrir e desenvolver. É o amor da carência, da fome, da necessidade, da falta. É natural na infância, pois o bebê é um ser em desenvolvimento que precisa ser cuidado.

O problema é que muitos adultos permanecem fixados, cristalizados nessa etapa, e passam a viver suas relações tratando o outro ou a si mesmos como "objeto".

A consequência é que nos tornamos consumistas, compulsivos e insatisfeitos, fixados em *porneia*. No nível coletivo, *porneia* está cristalizada quando há devastação da natureza, consumismo desenfreado, coisificação de pessoas e relações. Quando *porneia* é conscientizada, começa a haver uma transformação que nos capacita a amar psíquica, racional e emocionalmente. Então *eros* se torna possível, o amor romântico é o próximo estágio.

Eros é o amor adolescente, caracterizado pela busca de aventura, cheio de fantasias, imaginação, sonhos, expectativas. Por outro lado, ele promove um estado de abertura, fundamental de ser ampliado ao longo da vida, como discutimos anteriormente.

O problema é quando há cristalização em *eros*: os parceiros não aceitam frustrações e diferenças, portanto não conseguem crescer além desse estágio. Acabam rompendo relações e partindo em busca das emoções intensas do romance, acreditando que encontrarão alguém capaz de lhes proporcionar tal intensidade, sem perceber que o romance e as frustrações advindas das desilusões são um chamado para o crescimento.

A próxima etapa é *philia*, o amor consciente, lúcido, capaz de intimidade e entrega, o amor da maturidade; já não confundimos o outro com nossas próprias expectativas e somos capazes de amá-lo tal como é.

Há a compreensão da jornada pessoal e o compartilhar como forma de relacionar-se com o outro. É o amor do companheirismo, da cumplicidade, da reciprocidade, da mutualidade; há a ternura, a delicadeza e o respeito às diferenças e à individualidade de cada um, que não ameaça o vínculo; ao contrário, o fortalece.

Mas o amor pode ainda se ampliar e aprofundar, atingindo seu ápice em *ágape*.

Ágape se realiza quando se transcende a própria relação e a abertura alcança a todos os demais, como um estado de ser, o qual Chopra denominou entrega e êxtase.

Ágape é o amor transpessoal, incondicional, que não conhece barreiras ou separações. É o amor dos grandes mestres da humanidade, como Cristo e Buda, arquétipos do homem realizado.

Podemos também aprender com a tradição budista, que considera que existem quatro aspectos do amor na experiência humana: *maitri, karuna, mudita* e *upeksha* (Hanh, 2005).

Maitri, em sânscrito, é a bondade amorosa, ou o amor; é a intenção de oferecer alegria e felicidade; *karuna* é a compaixão, a busca de alívio e transformação do sofrimento. *Mudita* é a alegria, sentida quando estamos concentrados no momento presente. Já *upeksha* é a equanimidade, ou o desapego e a serenidade; é ter consciência das polaridades sem se agarrar a nenhuma delas.

A compreensão e o amor por si mesmos advêm da consciência da própria experiência, um estado de *presença*.

Há duas palavras na língua vietnamita que significam amor: *tinh* e *nghiã*. *Tinh* é a paixão; *nghiã* é o amor profundo, sólido, resultado de compartilhar a vida por longos anos.

Existe uma bela meditação vietnamita, com a qual iniciei este trabalho, que se dá quando os companheiros se olham nos olhos profundamente e se perguntam: "Quem é você, meu amor, que veio para mim e fez do meu sofrimento o seu sofrimento, da minha felicidade a sua felicidade, da minha vida e morte a sua vida e morte?"

Essa meditação traduz a natureza de alteridade e a empatia presentes na relação amorosa. Há outro desconhecido para além de mim, que me escapa e transcende, pois questiono "Quem é você?", e ao mesmo tempo é capaz de fazer de meu sofrimento o seu sofrimento, ou seja, compartilhar a humanidade, lugar mutuamente familiar.

Nghiã só pode se dar no tempo, na história, em que também nos tornamos humanos.

Há também um senso de gratidão em *nghiã*, pois se reconhecem a generosidade e a bondade amorosa do companheiro, que pode se traduzir desta forma: "Obrigado meu companheiro, por ter me escolhido para compartilhar comigo suas melhores qualidades, bem como seu sofrimento. Quando enfrentei dificuldades e ficava acordado até tarde da noite, você cuidou de mim. E mostrou que o meu bem-estar é o seu bem-estar. Fez o possível ajudando-me a me sentir bem. Sou profundamente grato".

No Vietnã, há alguns mantras que nos ajudam a estar presentes junto da pessoa que amamos. O primeiro consiste em dizer: "Querido, estou aqui para você". O segundo: "Eu sei que você está aqui e estou muito feliz". O terceiro: "Querido, sei que está sofrendo. Por isso estou aqui para você". E o quarto: "Querido, estou sofrendo. Por favor, me ajude".

Não há dúvida de que mais importante que as palavras é a consciência da experiência; mas, na vida a dois, algumas palavras, quando ditas com sentimento, encurtam um longo caminho, aproximam, conferem intimidade.

Para os budistas, quando nossa mente não se apega nem cria aversões, encontramo-nos no estado de amor.

Para tanto, precisamos aprender a discriminar nossos processos de apego, desordem, desarmonia e evitações. Tal discriminação possibilita uma qualidade de consciência capaz de aceitar e compreender tudo que é.

Nesse estado, a mente é "ingênua", não no sentido de imatura; ao contrário, de aberta. Não há reação defensiva, pois inexiste aprisionamento no próprio sofrimento, mas consciência da experiência de sofrer. Quando isso acontece, somos capazes de ultrapassar o sofrimento, fluir com ele, até que se dissolva espontaneamente. A vida é mudança.

Uma característica do desenvolvimento da amorosidade é a capacidade de comunhão. Esta é a presença de outro em nós; é a experiência que nos capacita a estar sós, pois carregamos o outro em nós mesmos.

Sem essa presença, a solidão é terrível e insuportável, pois é uma queda no vazio, no nada, o que gera terror e pânico.

Quando há presença humana entre os parceiros, o amor transcende seus sentimentos e o que costumamos chamar de romantismo. O amor não pode ser cultivado, estimulado, treinado; ele "acontece" quando seus empecilhos são dissolvidos, sendo o maior deles o isolamento.

Como nos ensina Krishnamurti:

> O amor não funde nem ajusta – não é pessoal nem impessoal: é um estado de ser. O homem que deseja fundir-se com algo maior, unir-se a outra pessoa, está evitando a angústia, a confusão; mas a mente ainda se encontra em separação, que significa desintegração. O amor não conhece a fusão nem a difusão [...], o amor é um estado de ser que a mente não pode encontrar – ela pode descrevê-lo, designá-lo por um termo, nomeá-lo, mas a palavra, a descrição, não é o amor [...] O amor não conhece hierarquias [...] não existe o você nem o eu. Nesse estado, há apenas uma chama sem fumaça.

Assim, esse mestre enfatiza a impossibilidade de abarcar e encerrar o amor, colocando-o como mistério e transcendência.

O amor não é o oposto do poder, do medo ou do ódio. Estes obstruem a fluidez do amor, que transcende as dicotomias e as contém, alcançando a unidade.

Quando há cisão, separação e isolamento, a emoção presente é o medo; o amor o acolhe e o transcende.

Para inúmeros autores, o amor acontece quando há a transcendência desse estado de consciência cindido, dicotomizado, dividido.

Quando vivenciamos o medo, acabamos por criar um estado de isolamento, já que olhamos para "fora" de nós e percebemos "ameaças".

É importante ressaltar que o amor não pode acontecer pelo simples entendimento desse processo; não basta que nossa lógica racional entenda o que ocorre, já que está além de todo entendimento.

O amor implica compaixão por nós mesmos.

O desenvolvimento da amorosidade é próprio da condição humana que se encontra adoecida quando falta amor. A presença do amor na vida de uma pessoa sinaliza que ela direcionou sua existência na sua realização como ser humano. Uma vida sem amor revela adoecimento, pois a condição humana original está impedida de se realizar.

Uma história vietnamita ilustra esse adoecimento quando há a perda da abertura, a própria amorosidade:

O marido tinha de ir para a guerra e partiu, deixando a esposa grávida. Três anos depois, quando ele voltou, a esposa foi até o portão da vila para dar-lhe boas-vindas, levando o filho deles. Quando os dois jovens se entreolharam, não conseguiram conter as lágrimas de alegria. Sentiram-se gratos por seus ancestrais os terem protegido. Então o rapaz convidou a mulher a ir ao mercado comprar frutas, flores e outras oferendas para colocar no altar de seus antepassados.

Enquanto ela estava fazendo compras, o jovem pai pediu ao filho que o chamasse de papai, mas o garoto recusou-se. "O senhor não é meu pai! Meu pai costumava vir toda noite, e minha mãe conversava com ele e chorava. Quando mamãe se sentava, papai se sentava; quando mamãe se deitava, papai se deitava também." Bem no momento que o pai ouviu essas palavras, seu coração se transformou em uma pedra.

Quando a esposa voltou, ele nem conseguiu olhar para ela. O rapaz ofereceu frutas, flores e incenso aos ancestrais, fez reverências e depois enrolou o pequeno tapete destinado a esse fim, mas não permitiu que ela participasse do ritual. Acreditava que sua mulher não era digna de apresentar-se perante os ancestrais. Em seguida, saiu de casa e passou dias bebendo e vagando pela cidade. A esposa não podia compreender por que ele estava agindo assim. Finalmente, depois de três dias, ela não suportou mais: atirou-se no rio e afogou-se.

À noite, após o funeral, quando o pai acendeu a lamparina de querosene, o filho gritou: "Lá está meu pai!" Apontou para a sombra do pai projetada na parede e gritou: "Papai costumava vir toda noite exatamente assim, minha mãe falava com ele e chorava. Quando minha mãe se sentava ele se sentava. Quando minha mãe se deitava ele se deitava." Ela se lamentava para a sombra: "Querido, você está fora há tanto tempo. Como posso criar uma criança sozinha?" Certa noite o menino perguntou-lhe quem era seu pai e onde ele estava. Apontando para sua própria sombra na parede, ela respondeu: "Este é seu pai". Tinha sempre muita saudade dele. (Hanh, 2005, p. 66-7)

Esta é uma história triste, infelizmente muito comum. Há separação e perda, há fechamento do coração. O fechamento simbolicamente carrega a morte da abertura, da receptividade, da leveza, da esperança, representadas pela esposa na história.

Há uma divisão dolorosa, com perda de confiança e cumplicidade, um estado de ameaça e solidão. O diálogo é interrompido, e a disponibilidade para o outro se desvanece. Crê-se saber tudo que é preciso, sem contar com a perspectiva do outro, que fica impedido de participar das decisões e é excluído; excluído também é o aspecto de si mesmo vinculado ao outro.

A escolha de separar-se não emerge do contato com a experiência presente, do contexto relacional, seja do confronto e das diferenças, seja de uma traição aos acordos firmados; ela emerge de uma posição defensiva, que procura evitar o sofrimento e, justamente por isso, o instaura.

O marido, ao querer guardar seu orgulho e sua honra, fechou-se às demais possibilidades, tentando evitar o sofrimento. Com isso, desperdiçou qualquer chance de compreender o que acontecia, temendo perder um aspecto de si mesmo que, no fundo, já estava "perdido". Ao invalidar seu amor pela esposa e o dela por ele, bem como a experiência compartilhada, supondo uma traição não confirmada, criou o destino que mais temia.

Quantas vezes não agimos de forma semelhante?

A abertura para o outro nos leva necessariamente a rever nossos medos, nos quais fomos feridos, e por conseguinte as estratégias defensivas que desenvolvemos, muito úteis em outros contextos da vida, mas que obstruem as possibilidades amorosas no presente, porque nos impedem de exercer a capacidade criativa em nossas relações. Não há como ser criativo sem ser aberto ao *aqui e agora*.

Por mais que tenhamos nos relacionado na vida, cada novo encontro inaugura a possibilidade amorosa e nos convida a uma experiência inédita.

Boa parte de uma vida consciente consiste no trabalho de acolhimento e transformação daquilo que foi, um dia, uma impossibilidade de experimentar união e criatividade fundamentais.

Parte III

As facetas da intimidade

O acolhimento e a aceitação

É preciso saber ouvir. Acolher. Deixar que o outro entre dentro da gente. Nada mais fatal contra o amor que a resposta rápida... Há pessoas muito velhas cujos ouvidos ainda são virginais: nunca foram penetrados.

RUBEM ALVES

É muito comum encontrarmos pessoas impossibilitadas de sofrer ou de contatar os próprios sentimentos, ou seja, amortecidas em sua sensibilidade. Com isso também estão fechadas para acolher e compartilhar sentimentos de outros, o que inviabiliza a relação profunda e íntima.

O acolhimento se assemelha à hospitalidade; é uma forma de permitir a "entrada" do outro em nossa vida, dizer que ele é bem-vindo.

Acolher é também a abertura de um espaço para ser retirado da própria posição. É a permissão para ser "perturbado". É ser suficientemente flexível para ressoar o que é do outro, fazer face ao alheio, responder sem "mandar embora", expulsar ou excluir.

Esta pequena história, contada por Lya Luft, expressa a ausência de acolhimento:

"Pai, olha que lindo! Para o carro para eu apanhar umas flores para a vovó?"

A menina colheu flores-do-campo amarelas e roxas, e as segurava no colo durante o trajeto, olhos brilhando de alegria.

Quando chegaram, correu para entregá-las à avó. Esta, num gesto espontâneo, portanto sincero, encolheu-se toda e comentou com voz áspera: "Bota isso fora, essas flores de beira de estrada são sujas e têm bichinhos que picam a gente!"

Nunca esquecerei a expressão do rosto dessa criança.

Ao contrário do que acontece na história citada, o acolhimento é uma espécie de silêncio que permite a escuta do outro para que ele seja percebido e valorizado. Para acolher é necessário despojar-se momentaneamente de si próprio, ser receptivo, o que, no corpo, aparece, por exemplo, no gesto da escuta e no do abraço.

No acolhimento, cria-se uma concavidade, capaz de *receber*.

É uma atitude de ternura, generosidade, renúncia; abdicamos de ser o foco da atenção ou do interesse; ofertamos espaço e tempo. É uma espécie de retirada com presença, um refinamento da sensibilidade e do senso de diferenciação; isso porque só é capaz de acolher quem tem fronteiras bem definidas e não se sente lesado ao ofertar espaço ao outro nem ao receber o que ele tem para ofertar.

Acolher é ser capaz de reconhecer o valor do outro, seja em seus gestos, seja em sua forma de ser, em seus sentimentos, em seu amor. Quem tem dificuldade para acolher dificilmente se sente amado.

Nossa capacidade de acolher não é absoluta, mas sem ela não há espaço para a criação da intimidade.

A dificuldade de acolher aparece quando os parceiros se automatizam, desenvolvendo indiferença ou individualismo, o que retira toda a vitalidade e a vibração de viver a dois.

O acolhimento também implica a capacidade de ser receptivo ao sofrimento de nosso parceiro.

Crescemos aprendendo de forma equivocada que não devemos sofrer ou expressar nossos sofrimentos, como se eles fossem fraquezas e indignidades. Com isso, desenvolvemos inúmeros modos de nos defender do sofrimento que inibe nossa sensibilidade.

Quando tentamos embotar a sensibilidade a fim de não sofrer, o que em última instância estamos fazendo é dilacerar nossa humanidade.

Acolher o sofrimento é diferente de adotar uma atitude paternalista, pessimista, vitimizada, derrotada ou depressiva, como confundem alguns. Preservar a possibilidade de sofrer é estar vivo e aberto a tudo, é deixar-se afetar pelo mundo, pelas pessoas e pela condição humana.

Só pode relacionar-se com intimidade quem tem sua sensibilidade preservada e pode compartilhar sentimentos e experiências.

A indiferença é uma modalidade de adoecimento muito comum em nossos dias, o que inviabiliza não só as relações íntimas mas qualquer forma de relacionamento humano.

Recentemente, a mídia divulgou imagens chocantes de um estrangeiro morto em uma das praias do Rio de Janeiro, coberto com jornais e plásticos no calçadão de Copacabana. A menos de dez metros de distância, turistas tiravam fotos da paisagem, um casal se beijava no calçadão, surfistas caminhavam para o mar tranquilamente – e o corpo inerte nem sequer era notado.

Essa é uma triste imagem da indiferença de nosso tempo; pessoas são tratadas e tratam os demais como coisas, vivem alienadas do que se passa ao redor e fechadas em si mesmas.

Assim, ser capaz de se sensibilizar e acolher o próprio sofrimento e o dos demais preserva o que há de mais precioso em ligar e unir duas pessoas. Nesse sentido, o sofrimento carrega a esperança de nos fazer humanos.

Isso é diferente de gozar o sofrimento, de sentir prazer em sofrer, uma forma de adoecimento. Acolher o sofrimento é possibilitar transformá-lo, já que o sofrer sempre revela uma ausência, uma falta significativa em nós e no mundo.

Krishnamurti fala-nos da faceta acolhedora do amor: "Sem amor, a vida é como um poço raso".

O acolhimento possibilita a experiência de profundidade. Ele acontece quando somos capazes de aceitar, o que só é possível quando vivemos a relação como ela é, e não como gostaríamos que ela fosse. Em vez de ser um comodismo, esse é um ato de entrega, o qual Joseph Campbell (2003) traduz tão bem: "É preciso abdicar da vida que planejamos para ter a vida que está esperando por nós. Vivemos para provar a experiência da vida, tanto a dor como o prazer". Campbell fala aqui de um amor por si mesmo que possibilita um sim incondicional à vida.

Mas ser como se é, amar a si mesmo, é uma conquista.

A aceitação é receptividade, é acatar o óbvio, o que é, o que acontece; o contrário da aceitação é a rejeição, que exclui interna ou externamente alguma coisa. Onde há rejeição não pode haver integração. Isso não quer dizer que precisamos gostar, nos identificar ou concordar com aquilo que não podemos. Aceitar é simplesmente acatar a existência.

Nas relações, muitas vezes a rejeição está ligada à expectativa de que o outro atenda a nossas necessidades e nossos desejos, o que significa que excluiremos e rejeitaremos aspectos de sua personalidade ou ações que nada têm que ver conosco.

Aceitação é uma atitude de não julgamento, antes de qualquer outra coisa. É deixarmos nosso tribunal mental que avalia o certo e o errado, o bom e o mau, o justo e o injusto. A questão no relacionamento, na maioria das vezes, é lidar com as diferenças, e não achar o culpado ou o errado. Onde só há julgamento há distanciamento e exclusão.

Cecília Meireles (2001) revela a aceitação:

> Sede assim – qualquer coisa, serena, isenta, fiel.
> Flor que se cumpre, sem pergunta...

A sensibilidade e a presença

> *O essencial é saber ver...*
> *(Tristes de nós que trazemos a alma vestida!)*
> *Isso exige um estudo profundo,*
> *Uma aprendizagem de desaprender...*
> ALBERTO CAEIRO

A capacidade de acolher está intimamente relacionada com a sensibilidade.

Ter a sensibilidade preservada nos possibilita ser tocados pelo mundo e estar disponíveis para o encontro e as experiências.

Infelizmente, nos dias de hoje, confunde-se *sensibilização* com *estimulação*. Nossa sensibilidade, muitas vezes, encontra-se anestesiada.

A cultura em que vivemos nos estimula permanentemente a buscar satisfação e prazer por meio da novidade, dos produtos descartáveis, do consumismo. Este tenta transformar desejos em necessidades, nos hipnotiza e desconecta de nós mesmos.

A desconexão do mundo natural, os alimentos industrializados, a artificialidade dos espaços, o desrespeito aos ritmos da corporeidade humana, a supervalorização do supérfluo e do moderno são alguns dos fatores que anestesiam e entorpecem nossa sensibilidade. Os cheiros, os gostos, as texturas, as paisagens, os sons são cada vez mais artificiais, levando-nos a uma diminuição da sensibilidade, o que sem dúvida empobrece a vida.

Diminuímos nossa capacidade de olhar, ouvir, cheirar, degustar, tocar, falar e nos movimentar. Estamos cada vez mais entretidos e menos presentes. Embora nossos sentidos funcionem de modo saudável, modificamos a forma de perceber, tratando o mundo como meio para atingir um fim, e não como um fim em si mesmo. Diminuímos nossa capacidade de *contemplar*.

O excesso de estímulos nos distrai frequentemente. Prestamos menos atenção ao que percebemos fora e dentro de nós *aqui e agora*. Perdemos a concentração. Quando não há concentração, tendemos a sentir *ansiedade*, pois nos voltamos de forma fixa para o futuro.

Por exemplo, andamos na rua de carro e precisamos olhar o farol, o carro à frente, o retrovisor, o velocímetro, a distância do pedestre, as placas de sinalização etc. Além disso, há *outdoors*, luminosos, propagandas, rádios, carros de som, sirenes, buzinas. Temos de ver, ouvir e selecionar informações para nos direcionar.

Mas não podemos contemplar o céu, as árvores (quando existem), sentir o cheiro da chuva, ouvir o som dos pássaros. Nem sequer percebemos o ritmo de nossa respiração, a tensão dos músculos, as sensações táteis.

Esse é um pequeno exemplo do quanto nos desconectamos de nossos sentidos e do mundo natural.

Nos relacionamentos, esse entorpecimento empobrece o contato com o outro. Tocamos sua pele, olhamos em seus olhos, ouvimos sua voz, mas nem sempre nos concentramos na experiência. Olhamos sem ver, ouvimos sem escutar, tocamos sem sentir.

Sexualmente, as consequências da falta de concentração podem ser nocivas, pois se busca a excitação por meio de objetos de fetiche, pornografia, performances, figurinos eróticos etc. (bens de consumo), uma vez que o encontro e o contato não podem ser vividos plenamente, já que estamos anestesiados. Aí, buscamos fantasias, estímulos, novidades, como um modo de encontrar e manter a excitação. O sexo é vivido, então, a partir de *fora*, de forma instrumental, artificial.

Se não estivermos abertos para dentro e para fora, ou seja, sensíveis, não poderemos viver o encontro com o outro e desfrutar do prazer e da alegria, seja por meio de um beijo, seja por meio de um olhar, um toque, uma carícia ou uma relação sexual. Se os sentidos estão entorpecidos, também teremos dificuldade de perceber nossos sentimentos e emoções; assim, nossa capacidade afetiva estará prejudicada.

De nada adianta aprender técnicas de aproximação ou performances sexuais. A ternura e a sensualidade só podem fluir quando nossa sensibilidade está preservada.

Quanto maior é a anestesia da sensibilidade, mais estímulos são necessários para a pessoa ser mobilizada, pois é frequente que ela se sinta insatisfeita. Quando isso ocorre, dificilmente ela se engaja em uma relação duradoura, ou então vive ansiosa buscando meios de estimular a vida sexual e afetiva a partir de fora, de forma técnica, o que sempre gera vazio e frustração.

A anestesia dos sentidos implica também a anestesia emocional.

A perda do contato com nossas sensações nos leva a nos afastar de nossas emoções e nossos sentimentos; isso pode, em alguns momentos, nos proteger da dor, mas também nos priva do prazer e da alegria que sentimos quando estamos *vivos*, isto é, presentes.

Algumas pessoas costumam confundir sentir alegria com adotar uma atitude de Poliana, que se recusa a ver o lado duro da vida. Outros confundem sentir alegria com uma atitude festiva, superficial, como ironiza Rubem Alves em sua crônica: "Alegrinho nem gera nem pare beleza. Não aguenta o pôr do Sol. Fica logo com os olhos e a alma perturbados. Aí desanda a fazer barulho, a produzir agito, diz que é alegria, *happy hour*, quando, na verdade, é só medo do silêncio".

Há padrões defensivos que implicam um estancamento da sensibilidade, como estabelecer vínculos superficiais, evitar a proximidade e a relação mais pessoal, visando a evitar o silêncio, a reflexão, o vazio ou a angústia.

A sensibilidade amortecida, em geral, procura evitar o sofrimento, mas paradoxalmente o produz.

Há casais que não conseguem ficar a sós, viajar juntos, fazer um programa de fim de semana, sair para jantar ou conversar, se não estiverem acompanhados por filhos ou amigos. Precisam constantemente estar entretidos. Evitam situações de diálogo e silêncio a dois, que poderiam revelar alguns conflitos pessoais e da relação.

Outros, ao contrário, não se abrem para conviver com outras pessoas, ter amigos particulares e criar vínculos pessoais, o que enriqueceria a relação em vez de ameaçá-la.

Um padrão frequentemente anestesiante é adotar uma atitude de sofredor ou de vítima. A vítima queixa-se do que lhe falta, concentra-se nas desgraças, nas próprias mazelas e nas dos semelhantes. Evita responsabilizar-se.

Tentar amortizar o próprio sofrimento "distraindo-se" no sofrimento alheio não é sensibilidade ou compaixão, como confundem alguns. Estar prisioneiro de um sofrimento é diferente de fazer contato com a própria dor. É apenas circundá-la, sem jamais vivê--la e ultrapassá-la.

Esse é um padrão de identificação que no fundo impede a pessoa de se "ver": é sempre o sofrimento do "outro" fora de mim – na TV, no jornal, nas histórias da vizinhança, na vida dos parentes, na economia do país, na política, menos dentro de si mesma e em sua forma de se relacionar com a vida.

Nessas circunstâncias, ao contrário do que possa parecer, a sensibilidade está embotada, pois a pessoa vê o mundo pela ótica racional, mental ou, por vezes, dramática, sentimentalista; não está de fato sensibilizada, o que incluiria o acolhimento dos próprios sentimentos e sofrimentos e o reconhecimento dos semelhantes; compaixão e solidariedade são diferentes de evitar os próprios conflitos distraindo-se no sofrimento alheio.

A questão da sensibilidade é especialmente importante na vida de um casal que está junto há muitos anos; já não há tanta sedução e novidade quanto no início da relação. Há menos estímulo. O grande desafio é o refinamento da sensibilidade para ressoar aos pequenos gestos, para perceber os detalhes, para descobrir o novo no mesmo, para ser capaz de ver o outro como se fosse pela primeira vez. Isso implica presença.

Em um momento de muita dor, o mais importante é ter a companhia de alguém que realmente se importa conosco. É a presença. Embora ela pareça simples, é uma das capacidades humanas mais raras, muito pouco cultivada e vivenciada por quase todos nós nos dias de hoje. Presença implica concentração no aqui e agora, esvaziar-se de nossa habitual tagarelice mental e abrir-se para a experiência, para ouvir e ver o outro, para ser tocado e tocar.

Um paciente de um conhecido psiquiatra dizia que a vida é como estarmos sozinho em um barco atravessando o mar, já que nascemos e morreremos sozinhos – mas que faz muita diferença avistarmos as luzes de outros barcos ao nosso redor. Essa imagem fala da importância da presença humana.

É bom ser e receber companhia, mesmo que seja por meio de um olhar ou do silêncio atencioso. É testemunhar a existência do outro, dentro e fora de si mesmo. Essa é a própria natureza do amor, como diz Alberto Caeiro:

> O amor é uma companhia.
> Já não sei andar só pelos caminhos,
> Porque já não posso andar só.

A presença de um outro nos torna reais.

Os afetos: as emoções e os sentimentos

Procuro despir-me do que aprendi,
Procuro esquecer-me do modo de lembrar que me ensinaram,
E raspar a tinta com que me pintaram os sentidos...
ALBERTO CAEIRO

A dimensão afetiva do ser humano é composta por emoções, sentimentos, estados de ânimo e paixões (Romero, 2002). Vou abordar brevemente a importância do conhecimento, da consciência e da expressão das emoções e dos sentimentos, para constituir e cultivar nossos vínculos.

A dimensão afetiva de nossa existência é fundamental, pois sem ela não passaríamos de autômatos, desprovidos de uma lucidez que nos é dada pelo que sentimos.

A emoção é a própria força que dá energia às nossas ações, e sua conscientização e expressão afetam diretamente o modo de nos posicionarmos no mundo.

As emoções são reações psicossomáticas, reveladoras de como somos afetados e atingidos pelas situações, ou seja, pelo impacto que sofremos; em geral, sua natureza é passageira.

Emoções como a raiva ou o medo existem para nos preservar, nos proteger do perigo; já a alegria é a emoção que celebra nossas realizações.

Há uma escala progressiva das emoções: no caso do medo, podemos experimentar, por exemplo, pânico ou pavor; a raiva pode aparecer como cólera, fúria e seus derivados, como a indignação e a irritabilidade. Emoções que perduram muito tempo podem se transformar em sentimentos; a raiva, de natureza passageira, torna-se uma constante e pode se transformar em aversão.

A complexidade das emoções e dos sentimentos é muito grande. Há ainda as emoções que acompanham os sentimentos ou os estados de ânimo. Por exemplo, o ciúme, um sentimento, em geral está acompanhado de raiva, uma emoção, o que torna ainda mais complexa a experiência afetiva.

Diferentemente das emoções que se caracterizam por *reações*, pelos impactos que sofremos diante das situações da vida, os sentimentos expressam a forma de nos *vincularmos* afetivamente a pessoas, objetos e situações. Referem-se ao valor que atribuímos a nossas experiências e ao modo como nos relacionamos. São elaborações psíquicas, refletem aspectos da cultura, duram mais e geram emoções.

A gama de sentimentos é imensa, e eles podem se relacionar a nós, aos outros ou à nossa dimensão religiosa, moral e social.

A título de exemplo, vou apresentar alguns dos sentimentos mais comuns: a autoestima, a autoaceitação, a autoconfiança, o orgulho, o sentimento de dignidade, de poder, de liberdade, a vaidade, a presunção, a arrogância, o sentimento de inferioridade, a frustração, a culpa, o arrependimento, a solidão, o desamparo, a vergonha, a autopiedade.

Há ainda a benevolência, a compaixão, a afeição, a confiança, a consideração, o respeito, a admiração, a gratidão, a rejeição, a aversão, o ódio, a desconfiança, o desprezo, a inveja, a decepção, o ciúme, o ressentimento.

Na esfera dos sentimentos morais e sociais, há a solidariedade, o sentimento de dever e de responsabilidade, a lealdade e a justiça, o sentimento pátrio; experimentamos também sentimentos religiosos, como a devoção e o sagrado.

Como podemos observar, a dimensão afetiva é abrangente e complexa, podendo também sofrer perturbações e patologias; muitas emoções e sentimentos se transformam em sintomas que revelam dificuldades pessoais, obstruções no processo de crescimento da pessoa, e dificultam sua vida cotidiana.

Hoje, é bastante comum observarmos sintomas como fobias, estados de pânico, euforias, compulsões, depressões e ansiedades generalizadas, que revelam disfunções muitas vezes relacionadas com a dimensão afetiva da existência.

No que se refere às nossas relações, o conhecimento e a expressão de sentimentos e emoções podem gerar proximidade em um relacionamento íntimo; eles são o próprio ressoar da presença do outro e de como ele afeta nossa vida.

Quando surgem circunstâncias dolorosas, por exemplo, e as pessoas abrem algum espaço para perceber seus sentimentos, vivê--los e, se for o caso, manifestá-los, elas podem dar um significado a suas experiências. Os sentimentos trazem sabedoria e podem se transformar, promovendo crescimento e intimidade.

Em geral, não tivemos uma boa educação no que se refere aos nossos sentimentos e emoções; há muitos equívocos, confusões e dúvidas relacionados com sentir e expressar o que sentimos.

Muitas pessoas costumam confundir, por exemplo, "estar mal" com sentir tristeza. Estamos de fato mal quando evitamos nossos sentimentos e nos tornamos defensivos, ausentes e sem energia.

Um dos maiores equívocos em nossa "educação emocional" é que aprendemos a lidar com emoções e sentimentos tentando evitá-los quando são desagradáveis ou dolorosos. Ou, então, tendemos a levar para o lado pessoal quando as pessoas manifestam seus sentimentos.

Ouvimos tantas vezes "Não fique assim", "Isso passa", "Não foi nada", "Pare de chorar", "Você não tem motivo para sofrer, afinal tem tanta gente pior", "Sentir raiva é ser ruim" etc. que aprendemos a nos sentir culpados por nossos sentimentos, a contê-los como se fossem sinal de fraqueza de caráter, a ponto de escondê-los até de nós mesmos. Dessa forma, tratamos os outros com base nas mesmas referências, sentindo-nos ameaçados, responsáveis ou indiferentes aos sentimentos alheios.

A maioria das pessoas com quem já trabalhei traz em si esses entraves, o que as impede muitas vezes de lidar com as situações da vida e dos relacionamentos, pois estão apartadas de si mesmas, ausentes e excessivamente exteriorizadas. Elas podem, por outro lado, ficar tão fechadas, ensimesmadas e isoladas que se distanciam do mundo e dos demais, reclusas em sua solidão.

Em ambos os casos, estão embotadas e impedidas de fluir afetivamente, já que não têm posse do que sentem nem discriminação para se expressar diante dos demais. Também não sabem ouvir o outro sem imediatamente reagir, defendendo-se.

Existe uma confusão muito comum entre sentir e agir.

Embora a diferença seja óbvia do ponto de vista da razão, isso nem sempre acontece quando nos relacionamos com nossos sentimentos e com os outros.

Vou dar alguns exemplos: há pessoas que agridem os outros porque estão com raiva. Há pessoas que rompem relações porque estão magoadas. Por outro lado, há pessoas que se distanciam de si mesmas porque estão tristes ou acham que uma festa as fará mais alegres. Aqui só há confusão.

Se agirmos de forma primitiva e impulsiva cada vez que sentirmos alguma coisa, o mundo ficará pior do que já está. Também não é o caso de sempre conter sentimentos, tentar eliminá-los ou fazer de conta que não existem. Assim nos transformamos em vulcões aparentemente adormecidos, prestes a lançar lavas que podem destruir tudo ao seu redor.

Negar sentimentos não é uma forma de atravessá-los. Sentimentos só podem ser transformados quando vivenciados, compreendidos e elaborados, e isso só pode ocorrer quando desenvolvemos discriminação e aceitação suficientes pelo que sentimos, o que sempre se dá na relação com os outros.

Emoções e sentimentos não conscientizados nem elaborados podem provocar devastação.

Sentimentos existem para ser *vividos*, pois são os vínculos que estabelecemos com a realidade, com as pessoas, com as circunstâncias, com a própria existência. São expressões de singularidade e estilo pessoal, embora possam ser modificados ao longo da vida à medida que ressignificamos nossas experiências.

Emoções são vitais para a sobrevivência. Sem elas, corremos o risco de morte.

Se não sentimos medo, por exemplo, não temos noção de risco e de limites, ficamos desprotegidos e ameaçados. O medo nos possibilita tomar cuidado, zelar por nossa integridade física ou psíquica. O medo é uma emoção que se relaciona com a morte, mas é diferente de receio ou ansiedade. O receio é uma preocupação diante de algo negativo que possa nos acontecer, é o primeiro estágio da ansiedade, que nos atinge como uma ameaça possível, não só física mas existencial.

A raiva, por sua vez, surge diante do que consideramos hostil, frustrante ou incômodo; pode sinalizar que nossos limites e espaços pessoais foram invadidos. Ela revela a necessidade de posicionamento nas situações, preservando nossos espaços, nossa dignidade e nossos direitos.

A tristeza é uma reação natural à perda de algo ou alguém, ou ainda de um aspecto do próprio eu. Está relacionada com nossa capacidade de criar vínculos, denunciando o rompimento, a separação, a transformação, a morte e, portanto, o valor do próprio vínculo. A tristeza revela a importância de nossas experiências, das pessoas, dos relacionamentos.

Sentimentos e emoções são aspectos de nossa experiência que nos mobilizam, energizam nossas ações no mundo, dão colorido à vida e nos ensinam a nos posicionar perante o outro. Graças a eles, podemos transformar o mundo e ser transformados, pois somos afetados por tudo que nos acontece. Sentimentos e emoções nos fazem sentir vivos.

É claro que muitas vezes as emoções e os sentimentos parecem estar desconectados das situações presentes e cotidianas. Quando somos inundados por emoções e sentimentos, podemos viver uma experiência infernal.

Podemos não perceber suas motivações e seus sentidos, o que gera sofrimento e prejuízo. Mas isso não denota que não possuam significado e não tenham uma razão de ser. Quer dizer que não sabemos identificá-los nem perceber seu significado e seu sentido, que não podemos/não sabemos expressá-los, não os aceitamos ou não sabemos o que fazer com eles. Não alcançamos posições diante dos sentimentos; eles nos inundam, situação muito assustadora. Quando isso acontece, pode ser sinal de que precisamos de ajuda.

Há um universo em movimento em nossa interioridade, por isso é fundamental aprender a conhecê-lo para habitá-lo com todo o conforto e familiaridade possíveis.

Podemos aprender a discriminar, nomear, acolher e compreender os sentimentos e as emoções, pois nossos afetos são referências fundamentais que nos direcionam para agir no mundo. Além disso, quando tomamos consciência de nossos afetos, estamos presentes e envolvidos com a vida. Somos capazes de nos responsabilizar por nós mesmos.

Nem sempre temos acesso ao que sentimos. Se vivemos em nossas primeiras experiências uma carência de receptividade e acolhimento, se houve distorção, entrave ou invalidação por se sentir isto ou aquilo, dificilmente vamos poder acessá-los e expressá-los sozinhos. Precisaremos de ajuda especializada.

É nas relações que aprendemos a desconfirmar o que sentimos, a invalidar o que percebemos, a desconfiar de nossas experiências. E é só em uma relação que podemos, então, resgatar nossa sensibilidade, limpar nossas lentes embaçadas, aprender a nomear o que sentimos e expressar-nos com espontaneidade, considerando também o outro.

Expressar sentimentos e emoções é diferente de simplesmente *exteriorizá-los*, o que costumamos chamar de "desabafar" ou "pôr para fora". Exteriorizar é transbordar, o que significa estar "lotado", ou seja, com dificuldade de fluir nos sentimentos. Quando isso ocorre, podemos sentir um alívio momentâneo, mas não lidamos com a situação ou com o próprio sentimento. A tendência é de que esse acúmulo e transbordamento se repitam indefinidamente.

É muito comum que as pessoas confundam raiva com tristeza, irritação com medo, alegria com euforia, amor com paixão ou carência afetiva etc.

Apenas a reflexão não dá conta de desfazer essas confusões, nem é suficiente para penetrar o intrincado universo dos afetos e nos ensinar a transitar nele.

Uma crença frequente que costuma ser entrave para nossa saúde emocional é a de que só seremos bons se experimentarmos sentimentos nobres ou que revelem disponibilidade.

Mario Quintana nos alerta: "Sê bom. Mas, ao coração, prudência e cautela ajunte. Quem todo de mel se unta, os ursos o lamberão".

Não há no mundo um único ser humano capaz de experimentar apenas sentimentos considerados *nobres*. Aprendemos a *julgar* os sentimentos, e isso traz muitas confusões.

Um exemplo: aprendemos que ter compreensão e tolerância é bom, mas mesmo em casos de desonestidade? É bom sermos condescendentes com a desonestidade?

Aprendemos que é bom sentir alegria e errado sentir tristeza. E se perdemos alguém que amamos? Sentir tristeza não é uma forma de honrar sua passagem por esse mundo, sua importância e o amor que sentíamos por ela? A tristeza não é saudade, consciência da ausência? Não é senso de realidade?

Aprendemos que é bom dizer "sim" e ruim dizer "não" para os outros. É bom dizer "sim" para um filho quando ele está consumindo drogas e se autodestruindo? Ou para alguém que está sendo invasivo e desrespeitoso?

É importante lembrar que não é por meio do *julgamento* do que sentimos que vamos nos tornar bons ou melhores. Os sentimentos e as emoções não estão sujeitos a doutrinação, treinamento, esforço e vontade. Eles precisam ser percebidos. Nossas ações, nossa forma de lidar com eles, é o que pode ser mais elaborado e equilibrado.

O que costuma transformar sentimentos, especialmente os desagradáveis, é o reconhecimento, o acolhimento, a compreensão de seus significados, o que em geral acontece em nossos relacionamentos. Quando isso acontece, eles naturalmente fluem e são transformados. Sem precisarmos nos doutrinar, aprisionando-nos em uma moralidade apoiada na negação dos sentimentos.

Adoecemos quando nos polarizamos em um único aspecto das experiências, além de ficarmos expostos a ameaças. Afinal, quando não reconhecemos em nós mesmos as emoções e os sentimentos, podemos nos tornar ou muito ingênuos ou excessivamente maliciosos, o que sempre prejudicará nossas relações.

Tudo que não é vivido em nossa consciência e em nossas relações se transforma em *sombra*, ou seja, é vivido de maneira obscura e até escusa e dissimulada. Assim, uma pessoa que aliena sua própria maldade ou agressividade pode tornar-se cruel ou perversa quando menos se espera, ou permanecer ingênua e ser presa fácil para a destrutividade alheia. Quando alienamos um aspecto, ele tende a aparecer de forma excessiva e impulsiva. São comuns as histórias de pessoas moralistas que se revelaram perversas, hipócritas e desequilibradas.

Todos nós temos um lado sombrio e outro luminoso. O problema surge quando negamos o que se considera inaceitável, tentando apenas ser o que consideramos adequado. O que é sombrio pode ser conscientizado, ou seja, nossos aspectos desagradáveis precisam se tornar conscientes. O risco de machucar e ser machucado também diminui. É certo que não podemos nos conhecer totalmente. Estamos além de nós mesmos.

Mas essa tarefa dificilmente poderá ser empreendida se estivermos sós. Não escondemos o que é sombrio de propósito, tampouco basta a vontade para nos conscientizarmos de quem somos ou do que sentimos. É preciso que os outros nos apresentem o estranho, o desconhecido que habita em nós. Muitos de nossos relacionamentos nos revelam essas facetas, e é preciso muita abertura para acolhê-las e suportar a revelação.

Um casal que se comunica tem inúmeras possibilidades de se conhecer e dar-se a conhecer. Não há como adivinhar o que existe na interioridade de alguém, a não ser que isso nos seja revelado. Podemos imaginar, ter sensibilidade, captar, perceber, mas isso é muito diferente de ter o poder de acessar significados e sentidos alheios. Esperar que o parceiro saiba ou adivinhe de antemão o que sentimos, por mais óbvio que nos pareça, é o mesmo que sobrecarregá-lo com uma demanda irrealizável.

É nossa a responsabilidade de mostrar ao outro o que sentimos, esperamos ou desejamos, para que ele tenha o direito de saber e, então, se posicionar.

Outra coisa importante é saber *perguntar*. Há determinadas respostas que não podemos dar pelo outro; precisamos que ele nos mostre o que lhe acontece. Muito tempo e energia são gastos quando tentamos adivinhar o que se passa dentro do outro ou esperamos que ele saiba do que precisamos.

Quando o outro não sabe o que acontece conosco, isso não é falta de amor; na maioria das vezes, é apenas ignorância natural e comum. Muitas vezes, precisamos ter humildade para pedir um abraço, um ombro, uma palavra de incentivo ou uma declaração de amor quando necessitamos.

Há pessoas que acham que o gesto do outro perde o valor após um pedido manifesto, que só haverá verdade se ele se antecipar ao pedido. Pode ser que algumas vezes isso aconteça, mas é mais fácil e nos poupa de frustrações se expressarmos e comunicarmos nossas necessidades e nossos sentimentos, principalmente se isso envolver nosso parceiro. Trata-se de um gesto de confiança em si mesmo, no outro e no amor que os une.

A sombra

E, no meio do inverno, descobri em mim um verão invencível.

CAMUS

Há alguns anos, encontrei esse pensamento de Camus escrito em um pedacinho de papel na carteira de minha mãe, que acabara de falecer.

Ela lutou contra um câncer durante dois longos anos, revelando-se, durante esse tempo, em sua fragilidade física e emocional, a pessoa mais forte e corajosa que já conheci, ofertando-me como herança um exemplo que me inspira todos os dias de minha vida.

Ela encontrou, no meio do inverno, o seu verão invencível.

Em meio à doença e aos tormentos da quimioterapia, ela me surpreendeu certa vez quando disse: "Descobri que há algo de bom no meio do câncer: nunca mais na minha vida sentirei medo de ter câncer".

Ela descobria a sua coragem.

Um bom tempo depois, ela me abraçou com ternura e disse: "Estou muito cansada..." Nunca estivemos tão próximas como nos momentos que antecederam a grande separação.

Entre tantas coisas, minha mãe me ensinou a sabedoria da *sombra*. Ensinou que não há luz sem sombra, que não há sombra sem luz, que não há força sem consciência da fragilidade e que a fragilidade mora no coração da força.

Ela viveu plenamente seu medo mais profundo, o de morrer, revelando aí sua maior coragem, a de viver. Viver e morrer já não estavam em oposição, mas eram parte da mesma experiência. Ela estava literalmente se *desmanchando* e nunca esteve tão inteira. Morreu *viva*.

Sua morte foi repouso, término, fim de uma jornada – e entrega.

Minha mãe foi um exemplo vivo de que a separação nos ensina a união, o medo nos ensina a coragem, a tristeza nos ensina a alegria e a morte nos ensina a viver.

Como diz Leloup (2004), um conhecido teólogo ortodoxo: "Descobrimos a graça no coração do absurdo, e o absurdo no coração da graça, e é aí que encontramos nossa dignidade como seres humanos".

Aprendi com essa experiência que o amor abarca toda nossa humanidade, o absurdo e a graça, a vida e a morte, e está *além*, pois permanece vivo.

Mas o que é a sombra em nós?

Nossos aspectos sombrios referem-se, em geral, àquilo em nós que não ascendeu à consciência, que não foi iluminado pelo reconhecimento e pela aceitação. São partes de nós desconhecidas, desintegradas e não realizadas. À medida que crescemos e amadurecemos, a tendência é de que nos apropriemos desses aspectos e nos tornemos mais inteiros e plenos, embora até o final da vida carreguemos nossa sombra.

O difícil é que o encontro com a sombra é vivido como uma espécie de *morte*. Não necessariamente a morte física, mas a simbólica, já que nosso autoconceito se desmancha e transforma. Esse encontro com a morte é profundamente mobilizador, pois o estranho em nós se revela e nos surpreende. Essa revelação é a própria natureza da vida humana, que inclui a morte.

A sombra pode referir-se a sentimentos, características, necessidades, desejos e limites, bem como a capacidades e habilidades, pois não raro há pessoas que não conhecem os próprios recursos e potencialidades.

Apropriar-se dos aspectos sombrios nos protege e fortalece, já que nos tornamos lúcidos em relação a aspectos que também vamos encontrar nos outros. Ao conhecermos nossa maldade, agressividade, inveja, maledicência, integramos a bondade, a mansidão, a admiração, a solidariedade.

É fato que o ser humano pode se tornar, por motivos diversos, polarizado e cristalizado em determinados aspectos de sua personalidade; quando isso acontece, pode estar adoecido em sua condição humana, refém da sombra.

Há pessoas que tendem à destrutividade, à incapacidade para a empatia, à manipulação narcísica e à frieza de sentimentos, graus mais extremados desses aspectos sombrios que envolvem, inclusive, patologias.

Há ainda as nossas pequenas maldades de cada dia, como a competição gratuita, a crítica, a mesquinhez, o preconceito, a arrogância, a intolerância etc.

Como esses aspectos, na maioria das vezes, são desconhecidos, desagradáveis e reprováveis socialmente, podem se tornar desintegrados e alienados, sendo rejeitados por nosso autoconceito. O extremo dessa rejeição ocorre naqueles que constroem *autoimagens* em vez de terem *experiências* de si mesmos, ou seja, um sentido de si complexo, paradoxal e multifacetado, que se constitui quando há relações significativas na vida.

Além de a rejeição a determinados aspectos acarretar a desestabilização de nosso psiquismo, podemos ter dificuldades para perceber quando eles aparecem nas atitudes dos outros; por outro lado, tendemos a responsabilizar as pessoas por aquilo que nos pertence; atribuímos aos outros coisas que são nossas.

Por exemplo, quem costuma acusar outras pessoas de serem *rígidas* ou *duras* precisa perceber quanto de fato há de rigidez e dureza em seu próprio julgamento.

Há pessoas que são rígidas em sua permissividade. É uma rigidez disfarçada ou às avessas. Nosso psiquismo é muito complexo, e nem tudo que parece é.

É preciso tomar cuidado, pois tendemos a compreender o outro com base em nossos referenciais e a não considerar as diferenças. O respeito às diferenças é mais difícil do que parece, pois implica reconhecer diferenças *dentro* de si mesmo.

Grande parte das pessoas tem uma profunda dificuldade de aceitar as diferenças sem se sentir ameaçada. Tal dificuldade é manifestada em forma de preconceitos, discriminação e exclusão. Não podemos nos esquecer de que há maneiras veladas de inibir, coibir e invalidar as diferenças.

Por exemplo, as pessoas que se consideram "boazinhas" costumam evocar a culpa em quem não tem esse tipo de atitude, em quem é sincero, coloca limites e se posiciona diante dos outros. A atitude de não ter limites disfarça exigências, cobranças e críticas que trazem sofrimentos à própria pessoa e a quem se relaciona com ela.

Por isso é muito importante conhecer em nós o que aprovamos ou desaprovamos nos outros, para não torná-los depositários de coisas que nos pertencem.

Se não aprovo a agressividade e a violência no outro, preciso conhecê-las em mim. Se me entristeço com a falta de amor e generosidade, tenho de observá-la em mim. Se aprecio minha sensibilidade, preciso ser capaz de reconhecê-la no outro. Se vejo fragilidades no outro, posso identificar como ela se revela em mim.

Esse processo de autoconhecimento é muitas vezes árduo, pois é difícil reconhecer em nós aquilo que desaprovamos. Mas só reconhecendo nossa precariedade podemos nos apropriar de nossa abundância.

"Onde você tropeçar, lá estará seu tesouro", diz Campbell (2003).

Os aspectos sombrios de um ou de outro parceiro, assim como os do casal, costumam provocar os tropeços da relação, mas são oportunidades para ganhar inteireza e integração. Um dos sinais de que aspectos sombrios estão em ação é quando a comunicação para de fluir, quando há competição, disputa pelo poder, busca do certo e do errado, do culpado, do responsável.

Quando o casal perde a possibilidade de se comunicar e a cumplicidade se desfaz, a sombra muito provavelmente está em jogo. E, quando isso acontece, é sinal de que há trabalho a ser feito para restaurar o diálogo e de que algo em cada parceiro precisa ser conscientizado, integrado, transformado e ultrapassado.

Quando os parceiros estão muito fechados ao crescimento e à mudança, o risco é de que se formem um ponto fixo de tensão e uma zona impenetrável, pois os aspectos sombrios deixam de ser obstáculos e se transformam em impedimentos.

Os impedimentos geram distanciamento e desconfiança, prejudicando a experiência íntima.

Uma das coisas certas em uma relação de intimidade é que a sombra de cada um e a do próprio casal se revelarão. Há de existir uma real disponibilidade para crescer e reexaminar as próprias dificuldades para, de fato, construir uma relação de cumplicidade e confiança, na qual duas pessoas inteiras possam se encontrar.

A alienação de nossos aspectos sombrios ainda pode ter maiores implicações.

Há pessoas que têm dificuldade de manter e aprofundar as relações amorosas. Muitas se dizem solitárias, afirmando que os outros não querem se comprometer, namorar ou se envolver de fato. Podem não perceber como se afastam dos outros ou os impedem de se aproximar.

Algumas pessoas se abandonam, não sabem cuidar de si mesmas e buscam alguém que o faça; não se dão conta dos próprios recursos nem assumem a responsabilidade por si mesmas.

Outras não são capazes de abrir mão, ceder ou renunciar o mínimo que seja para que outro possa ocupar espaço em sua vida. Estão sempre expulsando ou excluindo seus parceiros. Tornam-se inacessíveis, distantes, ocupadas em demasia, indisponíveis, intolerantes; confundem individualidade com isolamento e dificuldade para ser íntimo.

Há pessoas muito competitivas, que buscam autoafirmação e querem dominar o outro. Têm dificuldade para viver a entrega e a confiança.

Outras assumem o papel fixo de confidentes e nunca se sentem amadas. Não se expressam, não se revelam, não compartilham experiências e sentimentos, não se expõem e não podem ser vistas. São as primeiras a se esconder, até de si mesmas.

Quando nos envolvemos com alguém, corremos o risco de ser magoados e feridos. Sem consciência da vulnerabilidade básica de todos nós, não há possibilidade de envolvimento e intimidade. Quando evitamos o risco de ser feridos, no fundo, já fomos feridos no passado, estamos magoados e não temos consciência. Misturamos o que passou com o agora.

Observo também que, muitas vezes, os relacionamentos são usados para mascarar uma profunda dificuldade de estar consigo mesmo. Para algumas pessoas é mais fácil "viver a vida do outro" e tentar corresponder às suas expectativas e necessidades do que olhar para si mesmas e assumir a responsabilidade pela própria vida.

Outras tratam seus relacionamentos ou casamentos como troféus, como prova de sucesso ou de capacidade. Mesmo infelizes, são capazes de permanecer na relação, já que a separação pode ser vivida como fracasso ou derrota.

Obviamente todos esses conflitos e obstáculos ao relacionamento amoroso, fruto muitas vezes dos aspectos sombrios que desconhecemos, não são deliberados. Esses impedimentos têm significados mais profundos, muitas vezes são padrões enraizados desde a infância, fundados em medos, falta de referências e inadequações em nossos primeiros vínculos. Eles nos trazem muito sofrimento.

Isso não quer dizer que nossos familiares ou professores sejam culpados por nosso sofrimento nem que tenhamos de passar a vida justificando nossas dificuldades afetivas e responsabilizando os outros.

A partir do momento em que crescemos, que nos tornamos adultos, somos responsáveis por nossa vida e nosso destino; somos responsáveis por nossas dificuldades.

Podemos tomar consciência de onde vieram, como se constituíram. Podemos até experimentar ressentimentos e carências com relação a nossos pais, familiares e professores, mas como um processo de acolhimento e reconhecimento de nossas dificuldades, e não como justificativa para a manutenção do sofrimento.

Caso não tenhamos disposição para rever nossas atitudes e dificuldades, isto é, para reconhecer, integrar e transformar aspectos sombrios, ficaremos estagnados e defensivos na relação amorosa e poderemos, não deliberadamente, boicotar nossos anseios de compartilhamento e intimidade.

Nenhuma pessoa se torna íntima de outra sem mergulhar na própria escuridão com certa dose de coragem para enfrentá-la. Aliás, este é um dos mais profundos gestos de entrega e amor: olhar para a imagem que o outro nos reflete e aceitar que nem sempre defrontaremos com o mais belo que existe em nós. É lançar luz no que é sombrio.

Intimidade é correr o risco da transparência, lembrando sempre que alguma penumbra faz parte da condição humana, pois a visibilidade total é insuportável. Ser humano é transitar entre o que se revela e o que se esconde.

Segundo Campbell (2003), o contato com a sombra nos transforma e fortalece: "A noite escura da alma vem logo antes da revelação. Quando tudo está perdido e tudo parece sombrio, vem a nova vida e tudo de que se necessita".

E o *Tao-Te-Ching*, livro da sabedoria chinesa, nos faz refletir sobre a integração de nossas diferentes polaridades como caminho para alcançar o conhecimento:

Só temos consciência do belo,
Quando conhecemos o feio.
Só temos consciência do bom,
Quando conhecemos o mau.
Porquanto o Ser e o Existir
Se engendram mutuamente.
O fácil e o difícil se completam.
O grande e o pequeno são complementares.
O alto e o baixo formam um todo.
O som e o silêncio formam a harmonia.
O passado e o futuro geram o tempo.
Eis por que o sábio age
Pelo não agir
E ensina sem falar.
Aceita tudo o que lhe acontece.
Produz tudo e fica com nada.
O sábio tudo realiza e nada considera seu.
Tudo faz e não se apega à sua obra.
Não se prende aos frutos de sua atividade.
Termina sua obra.
E está sempre no princípio.
E por isso sua obra prospera.

A liberdade: a escolha e a renúncia

Quando fazemos uma escolha, qualquer escolha, estamos dizendo
sim para um lado e não para o outro. Então, algum
sofrimento sempre vai haver.

MARTHA MEDEIROS

Quando adultos, somos livres e responsáveis, capazes de realizar escolhas, arcar com as consequências e sermos os autores de nossa história.

Liberdade não é individualismo.

Se por um lado evoluímos na direção de sermos mais livres, por outro nos tornamos menos flexíveis com relação aos outros. Essa polarização, quando cristalizada, nos distancia dos demais.

Casais que amadurecem são conscientes de que, embora cada parceiro seja uma pessoa, suas ações, escolhas e palavras podem afetar profundamente o outro, e na maioria das vezes levam isso em consideração não como privação de liberdade, mas como renúncia necessária para aconchegar o outro em sua vida.

O zelo pela relação reflete responsabilidade.

A relação viva nasce da liberdade de escolha.

Casamento implica renúncia a outros parceiros amorosos, para ter uma experiência profunda com alguém. Ter muitos parceiros supõe a renúncia da intimidade.

Tudo que fazemos e escolhemos traz consequências. Embora isso pareça óbvio, não são raras as pessoas que buscam as dádivas mas não querem as incumbências da vida a dois. Isso é muito comum entre adolescentes que almejam as vantagens da vida adulta mas não os compromissos. Desejam manter a condição de não responsáveis e, ao mesmo tempo, ser livres ou independentes.

Essa transição é natural entre adolescentes.

Hoje em dia há adultos de mais de 30, 40 ou 50 anos que continuam em busca do paraíso perdido ou de uma vida sem consequências. E, quando sofrem os efeitos naturais das próprias escolhas, culpam a vida e o destino por seus sofrimentos e sua "má sorte".

É grande o número de pessoas que sofrem por não compreenderem o sentido da liberdade, da escolha e da responsabilidade, por tentarem construir uma vida sem renúncias ou só de renúncias. Que consideram os riscos catástrofes. Que acreditam que há algo errado consigo porque "não podem" fazer tudo que desejam. Sentem-se "lesadas" pelos outros.

A responsabilidade nos faz potentes, capazes de nos movimentar, cônscios de nossos limites, diferentemente da impotência, paralisia diante do que pode ser transformado, ou da onipotência, tentativa de alterar o que deve ser aceito.

Quando impotentes, não nos responsabilizamos por aquilo que nos compete; quando onipotentes, carregamos o fardo de ir além de nossos limites. Em ambos os casos, estamos alienados de nossa potência que implica a consciência de nossos recursos e limites, ou seja, nossa responsabilidade e a do outro.

Quando privados de liberdade, somos reféns das circunstâncias, escravos do destino, passivos com relação à vida. Quando estamos sem liberdade, estamos adoecidos.

Relações que não honram a liberdade estão fadadas ao desgaste, pois não há renovação e frescor.

A insegurança, o medo da perda, o ciúme, a possessividade são sentimentos humanos bastante comuns quando estamos envolvidos com alguém. Se não forem trabalhados, podem impedir a experiência da liberdade.

O importante é como vamos nos posicionar quando esses sentimentos aparecerem.

Há pessoas que responsabilizam o parceiro por seus sentimentos e acreditam que podem ter posse de outra pessoa por meio do controle sobre o que ela faz, sente ou pensa; gastam uma enorme energia em cobranças, exigências e expectativas, na esperança de que, se o parceiro agir desta ou daquela forma, estarão mais segura.

Quanto mais se tenta prender ou modificar o parceiro, mais distância se estabelece. Por outro lado, uma pessoa que se deixa escravizar perde a graça, o encanto, a possibilidade de ser amada, já que perdeu sua alma e sua beleza.

Ao tentar controlar alguém, partimos da posição de não nos valorizarmos ou não nos considerarmos suficientes e dignos do amor. Assim, somos prisioneiros de inseguranças que nos impedem de ter abertura suficiente para nos sentir amados.

Só podemos permanecer quando somos livres para partir. A consciência da escolha, que é cotidiana na vida de um casal, é o que de fato possibilita o respeito à liberdade do parceiro e à própria.

Outra confusão frequente é equiparar liberdade a fazer o que se quer. O pacto de fidelidade entre um casal é um exemplo bastante comum que ilustra a questão da liberdade e da renúncia.

Quando se faz esse acordo, está implícita a renúncia a estabelecer vínculo de natureza semelhante, que envolva intimidade sexual e afetiva, com qualquer outra pessoa. Dessa forma, há uma renúncia a outras possibilidades enquanto durar a relação, tendo em vista o projeto de vida comum e de parceria profunda.

Isso não quer dizer que uma pessoa que se compromete com outra não pode vir a sentir desejo, atração ou afeto por outras.

Nossa afetividade e sexualidade estão sempre além de nossos parceiros e de nós mesmos.

O que ocorre é que abdicamos conscientemente de outras experiências em nome de realizar e encontrar o novo no mesmo, de construir intimidade e vivenciar profundidade em uma relação de entrega e confiança.

Isso não é melhor nem pior *em si* do que estar com distintos parceiros por tempo mais curto, ou ter relações variadas. É diferente. O aprendizado, a experiência, as facetas dos relacionamentos serão outros. E é claro que em fases ou momentos variados da vida necessitamos ou desejamos experiências diferentes.

Assim, para ter uma relação íntima, abdicamos da disponibilidade de nos envolver da mesma forma com outras pessoas, sob pena de quebrar o compromisso e trair o acordo, portanto de ferir a relação, o companheiro e a nós mesmos.

Por outro lado, quem está solteiro ou disponível tem inúmeras possibilidades de conhecer alguém para *ficar* e ter encontros casuais, mas sem os compromissos naturais que fazem parte de uma relação estável. Dessa forma, está renunciando à experiência do contato íntimo, do compromisso e da profundidade.

O que não é possível, por mais óbvio que pareça, é querer ter tudo, fazer tudo, sem sofrer consequências nem abdicar de alguma coisa dentro ou fora de si.

Mesmo os casais que estabelecem as chamadas "relações abertas", ou seja, sem o compromisso da exclusividade – o que é legítimo e ético quando de comum acordo –, precisarão renunciar a alguma coisa, nem que seja à própria experiência de exclusividade.

Liberdade é a consciência das próprias escolhas e da capacidade de movimentar-se na vida de acordo com as experiências que fazem sentido para nós, arcando com as consequências das posições que adotamos, pois elas certamente nos afetarão e aos que nos rodeiam. Liberdade é a própria capacidade de assumir posições e dar conta delas.

É preciso lembrar, entretanto, que os sentimentos não estão sujeitos a escolhas. Podemos escolher como agir, com quem nos comprometer, de que forma ou por quanto tempo. Podemos escolher permanecer ou não em um relacionamento.

Mas não escolhemos o nosso *sentimento*, quanto tempo ele vai durar, por quais transformações vai passar, se será suficiente para manter a relação ou se um dia vai se transformar. Podemos escolher nos relacionar com uma pessoa que não amamos ou nos afastar de alguém que amamos profundamente.

O amor, porém, está além das escolhas; está no território do mistério, e sobre ele não temos controle, escolha ou domínio. Já as posições que adotamos em nossos relacionamentos implicam escolha e responsabilidade. Além disso, há a escolha do outro também.

Diversos estudiosos dos relacionamentos questionam e criticam o casamento, a vida conjugal, o acordo de exclusividade, reduzindo essas formas de relacionamento às questões institucionais e morais que as atravessam. Outros argumentam que o casamento fere a natureza diversa da sexualidade humana.

A questão é mais complexa e profunda, implicando facetas e registros variados, que envolvem sexualidade, afetividade, projetos de vida, sonhos e utopias pessoais, mitologia familiar, cultura, relação com o sagrado etc.

Compreender a vida de um casal implica atentar para todos esses fatores, além de contar com o aspecto inalcançável da experiência de encontro entre duas pessoas.

As relações conjugais, extraconjugais ou casuais têm significados pessoais para as pessoas envolvidas que precisam ser compreendidos. Haverá maior ou menor qualidade de vínculos dependendo dos parceiros e de sua maturidade psíquica e afetiva.

Não há dúvida de que o terrorismo íntimo está presente em muitos casamentos – assim como o emblema e a fachada social. Outras formas de alienação estão presentes, mas não necessariamente, em relações casuais e desprovidas de envolvimento e estabilidade.

Há relações conjugais extremamente enriquecedoras e mobilizadoras, plenas de liberdade, e relações casuais em que reina a falta de presença e abertura para o outro. Também há casamentos que são prisões de ódio e conveniência, e relações casuais ternas, calorosas e transformadoras.

A perversidade ou o adoecimento humano podem aparecer em quaisquer dessas experiências, não sendo exclusividade de uma forma específica de vinculação.

Generalizar sobre relações conjugais e/ou casuais fere a diversidade e a singularidade humanas envolvidas nesses processos. É formar dicotomias e criar preconceitos que invalidam a condição paradoxal humana e o sentido único que as pessoas atribuem às suas escolhas afetivas e sexuais.

As relações são tão singulares, vivas, mortificadas, adoecidas ou saudáveis quanto as pessoas.

Precisamos compreender o sentido que tem para cada um viver esta ou aquela experiência, e se há algum aprisionamento envolvido, seja no diverso, seja no mesmo, seja na tensão entre os dois, seja na solidão.

Liberdade é, acima de tudo, movimento dentro e fora de si mesmo – e implica, necessariamente, responsabilidade.

A responsabilidade

Há morangos que se comem sobre o abismo
Balões que só sobem ao crepúsculo.
E belezas que só existem no outono.
É preciso beber a taça, até o fim.

RUBEM ALVES

Como disse anteriormente, nem tudo nos é permitido escolher na vida. Mas a maneira como vamos nos posicionar diante das circunstâncias, mesmo as que não foram escolhidas, é de nossa inteira responsabilidade quando somos adultos.

Amadurecer é justamente esse processo de conscientização e exercício da própria liberdade e responsabilidade.

A responsabilidade como "habilidade de responder" envolve o comprometimento, ou seja, imprimir sua participação na ordem dos acontecimentos. É tocar o mundo, fazê-lo à sua maneira, transformá-lo com base em sua forma de ser e agir.

Responsabilidade implica criação, realização, presença e envolvimento com a vida. Utilizando a metáfora da viagem, é como tomar o leme do barco e fazer as manobras necessárias e desejadas para colocá-lo na direção escolhida.

Não podemos determinar as condições do mar nem dos outros barcos que encontraremos, mesmo que tenhamos nos informado com antecedência e construído instrumentos precisos e um barco seguro; o barco sempre precisará de cuidados e reparos.

Nossa tarefa é trabalhar no barco, aperfeiçoar nossa capacidade de navegação, observar e conhecer profundamente o mar, os ventos, as marés, o céu e o lugar de partida, planejar para onde vamos navegar, a rota que desejamos seguir.

Ainda assim a experiência será totalmente outra, pois não temos o poder de prevê-la integralmente, e a viagem vai se realizar em uma relação com o mar e todos os outros fatores envolvidos.

Responsabilidade é a capacidade de responder aos acontecimentos, é escolher como lidar com as condições incontroláveis e discernir o que pode ser determinado, é mirar a direção almejada e agir de acordo.

É preservar a rota levando em consideração as intempéries, os encontros e os desencontros, as paradas, os reparos necessários, os desvios naturais, os obstáculos e as complicações que surgem ao longo do percurso, que inclui questionar, mudar ou retomar a própria direção. É também reinventar a rota original.

Em psicologia, usamos o termo "ajustamento criativo" para nos referir ao processo de engajamento responsável na vida. É ter, paradoxalmente, a capacidade de se adaptar às circunstâncias e criar, ao mesmo tempo, uma nova forma de fazê-lo.

Uma pessoa capaz de se adaptar mas desprovida de criatividade está apartada de si mesma, sem conexão com a própria interioridade, já que tudo parte de "fora", apenas das demandas e solicitações de outros; ela é um barco sem leme, que vai ao sabor das ondas. Já uma pessoa criativa mas incapaz de se adaptar está apartada do mundo, fechada para o outro e para o que está além de si mesma. Desconhece os limites e as fronteiras. Segue seu plano atropelando o que está à frente, incapaz de se adaptar às circunstâncias.

Pode colidir com os demais, colocar o barco em perigo, pois não compreende que viajar implica abertura para a própria viagem e para o que ela vai apresentar – riscos, frustrações, impossibilidades, alegrias e descobertas.

Em ambas as circunstâncias a abertura fundamental está perdida para dentro e para fora, o que significa uma fluidez com crescente capacidade de enraizamento; é leveza com profundidade.

Em um relacionamento íntimo, tal fluidez entre adaptar-se e criar é fundamental, já que sem abertura para si mesmo e/ou para o outro não é possível crescer e alcançar a mutualidade. Ou delegamos ao outro o que nos compete, ou assumimos o que na verdade pertence a outra pessoa. Responsabilidade implica discernimento.

A criatividade e a singularidade

Cada um sabe a dor e a delícia de ser o que é.
CAETANO VELOSO

O espaço para o que é criativo e singular é fundamental para que uma relação seja *viva*.

O contrário da criatividade é a cristalização, a padronização, a rigidez, a repetição sem sentido.

Todos nós carregamos aspectos cristalizados em nosso psiquismo, nos quais temos maior dificuldade para fluir e para nos abrir a novas experiências.

Diante dessas situações tendemos a desenvolver o que chamamos defesas. Inicialmente elas são criativas, pois são a melhor forma que encontramos para nos preservar diante de ameaças físicas e psíquicas. O problema surge quando as defesas nos impedem de viver o novo, de nos transformar, de criar novas posições e experiências, de realizar nosso potencial criativo, de encontrar, inclusive, maneiras mais refinadas de nos preservar.

Os padrões defensivos são paralisações, cristalizações. Embora necessários do ponto de vista psicológico, uma vez que têm a função de nos proteger, custam-nos muito caro, pois nos roubam a energia necessária ao crescimento e à riqueza da própria vida.

Precisamos ser capazes de nos defender. O problema é quando transformamos as defesas em armaduras que impossibilitam o curso natural de nossas experiências.

As defesas cristalizadas trancam-nos ou do lado de dentro, provocando isolamento, ou do lado de fora, provocando dispersão. Essas duas atitudes, quando cristalizadas, geram muito sofrimento.

Quando defendidos e cristalizados, estamos ameaçados, desconfiados, fechados. Quando defendidos, há desconfiança, rigidez e isolamento; o amor para de fluir.

A abertura defensiva torna-se perda de identidade, dispersão, aderência ao outro. O recolhimento defensivo torna-se isolamento, fechamento, indisponibilidade para o outro.

Quando há sensação de ameaça, nosso ego constrói uma fortaleza de poder, cujo controle toma o lugar da possibilidade de abertura e recolhimento rítmicos. Essa posição se caracteriza como um padrão.

Um padrão é profundamente aprisionador e em geral carrega uma expectativa do que o amor, o relacionamento e o parceiro deveriam ser, e não do que de fato são. Dessa forma nos relacionamos com imagens, e não com pessoas. Vivemos no mundo da fantasia, em vez de termos experiências completas.

Conhecer e ter consciência de nossos padrões mentais, emocionais e relacionais, acolhendo o sofrimento que eles tentam evitar, ajuda a nos libertar desses mesmos padrões disfuncionais para sermos criativos e realizarmos nosso estilo pessoal.

O outro poderá se aproximar, já que haverá disponibilidade para o contato e para novas possibilidades de relação, nas quais o amor e o respeito podem estar presentes.

Quando nos alienamos da dimensão afetiva de nossa experiência, estamos, em alguma medida, defendidos. Um dos sinais de que isso acontece é quando nos relacionamos predominantemente por meio de julgamentos, comparações e avaliações, de nós mesmos e de nossos parceiros.

Esses recursos de nosso pensamento se transformam em verdadeiros jogos mentais, que, embora úteis e funcionais em outras circunstâncias, dificultam o contato com aquilo que é, com a experiência presente.

Quando nos comparamos ou comparamos nosso parceiro com outros ou com ele mesmo, quando comparamos o presente com o passado, não estamos sequer percebendo nosso companheiro ou a nós mesmos. Estamos fora da experiência. Fora do *aqui e agora*.

A comparação é um jogo mental que nos priva da possibilidade de perceber o processo sempre renovado e criativo, a mudança *na* e *da* relação.

O julgamento e a comparação tornam a relação competitiva, como abordamos anteriormente.

Os padrões defensivos buscam nos proteger de ameaças, porém sempre nos expõem ao empobrecimento, quando buscamos uma vida de segurança que é a mais insegura de todas. Podemos trabalhar para dissolvê-los à medida que nos desenvolvemos e nos tornamos o que já somos em potência, ou seja, criativos. Isso quer dizer, literalmente, criar novas possibilidades de experiência quando nos apossamos de nossas defesas para que se transformem em sabedoria e recursos para lidar com a vida em vez de obstáculos e impedimentos que nos impeçam de seguir adiante.

A criatividade e a singularidade são fundamentos da existência humana — e uma relação, para ser amorosa e transformadora, precisa contemplar essas facetas para que tenha verdadeiramente um sentido.

A solidão e a quietude

Já sei olhar o rio por onde a vida passa
Sem me precipitar e nem perder a hora
Escuto no silêncio que há em mim e basta.
ANA CAROLINA E TOTONHO VILLEROY

Na solidão os mundos novos são gerados.
RUBEM ALVES

Na trajetória humana, sentir solidão é inevitável. Há uma espécie de solidão que advém da condição inexorável de sermos seres únicos e singulares. É a solidão existencial.

Há outro tipo de solidão que se refere à ausência de vínculos humanos que possibilitem a experiência de compartilhamento e de sentir-se acompanhado, mesmo que seja por si mesmo.

Essa espécie de solidão é um grande sofrimento e revela que a pessoa não alcançou sequer a possibilidade de companhia humana, de reconhecimento de sua existência por outrem e, portanto, por si mesma. Alguns autores denominam essa dor *agonia*.

Quando compreendemos e acolhemos nossa solidão, podemos experimentar *solitude*, ou seja, sentimo-nos acompanhados mesmo sozinhos; ainda que não haja outro fora de nós, há outro em nós, um estado de presença, de quietude e de repouso.

O espaço para a vivência dessa quietude é fundamental.

Uma relação íntima é aquela na qual podemos experimentar o silêncio em companhia. Às vezes, não há o que dizer, e isso não tem que ver com perder o interesse no outro ou não valorizar sua presença. É quando se dá a comunicação silenciosa, que está além das palavras e dos gestos.

Alguns casais confundem esse silêncio com um sinal de que há algo errado na relação. É claro que existem silêncios com significados diferentes: distância, tristeza, ausência, saudade, mágoa, desilusão, medo, impotência, tédio ou amor, presença, plenitude, paz, repouso, quietude, reverência, contemplação, intimidade.

Uma das experiências mais raras no mundo contemporâneo é a possibilidade de experimentar o silêncio; sempre há rádios, música, TVs, furadeiras, aspiradores de pó, trânsito, sirenes, alarmes, britadeiras, campainhas, telefones, vozerio, buzinas ao nosso redor.

Mas sem o silêncio não abrimos espaço, não percebemos o que está além dos ruídos e do agito. Sem silêncio não há calma, paz e serenidade.

Quando não há silêncios, o som transforma-se em ruído e barulho, pois não há harmonia.

A fala sem silêncio é tagarelice; as notas musicais sem silêncio não criam música, mas ruídos. Quando não há pausas, intervalos, não há ritmo, não há começos nem fins, e a experiência é infernal.

A maioria das pessoas tem muita dificuldade de experimentar o silêncio, ficar quieta, ouvir-se. O silêncio nos remete aos nossos vazios. Se temos dificuldade de fazê-lo sozinhos, acompanhados ainda é mais complicado.

Mas a intimidade possibilita que adentremos, juntos ou separados, esses espaços repousantes nos quais podemos apenas ser e estar.

Silêncios podem ser fecundos, férteis, podem significar espaço e liberdade e são fundamentais para que a criatividade floresça. Mas o silêncio do vazio estéril pode ser assustador, pois é vivido como ausência, falta ou não existência.

O silêncio do repouso e da quietude precisa ser alcançado; contudo, nem sempre essa é uma tarefa fácil, demandando um árduo e intenso trabalho pessoal para aprender a aquietar-se e a vivenciar um estado de presença e contemplação. É quando a solidão significa espaço, possibilidade, fecundidade, consciência e presença. É quando podemos ouvir o que está dentro de nós, para também ouvir o outro.

A espontaneidade

Um dia deu-me o sono como a qualquer criança.
Fechei os olhos e dormi.

ALBERTO CAEIRO

Quando as pessoas estão completamente absorvidas e imersas na máscara social, não há vida própria, com valores, sentimentos, desejos, motivações, significados e sentidos pessoais. Há uma carência de espontaneidade.

A espontaneidade revela abertura à existência, na medida em que a pessoa está envolvida com as situações de modo a deixar-se mobilizar naturalmente por elas. A espontaneidade é um revelar-se, inclusive a si mesmo. Espontaneidade e interioridade inter-relacionam-se, já que há, em ambas, um movimento que surge como abertura para dentro e para fora ao mesmo tempo.

A pessoa desperta, viva, em contato com o mundo que a rodeia, é espontânea, pois não se reduz a seus papéis, suas funções e seus signos sociais. A espontaneidade é a forma de a singularidade e a criatividade se realizarem. O espontâneo é o inédito, é o espaço do criativo, do inusitado e do surpreendente. Do silêncio, do repouso, brota o espontâneo.

Nas relações, a espontaneidade é uma das características da vivência íntima. A intimidade é o lugar de aconchego do espontâneo, é a própria expressão da espontaneidade de um casal.

O contrário da espontaneidade é confundir-se com os papéis e os padrões de atitudes e comportamentos. É viver de forma mecanizada, automatizada, artificial e forçada. Lembremos que não somos *só* espontâneos, isso não é possível – mas uma vida sem espontaneidade está empobrecida e estagnada. Em geral, relaciona-se com a tentativa de atender à demanda coletiva, do grupo, da família, da sociedade. A pessoa excessivamente identificada com padrões perde as fronteiras de diferenciação e corre o risco de perder sua espontaneidade, buscando sempre a aprovação e a aceitação dos demais. Não encontra isso em si mesma.

Além disso, dificilmente se sente amada, já que está em posição de desconfiança, ou seja, teme que, se manifestar-se espontaneamente, não será aceita e valorizada. É comum que essas pessoas tenham de fato vivido tais experiências, mas o importante é que alcancem a possibilidade de abertura para que o espontâneo se revele, com aceitação e valorização, partindo de dentro para encontrar, inclusive, parceiros acessíveis, disponíveis e espontâneos.

A compreensão e a lucidez

Pensar pede audácia, pois refletir é transgredir
a ordem do superficial que nos esmaga.
LYA LUFT

O ser humano é um ser de compreensão, portanto lúcido. Pergunta por sua origem, por seu fim, pelo sentido da vida. Uma pessoa que não se questiona está adoecida, pois é natural do homem buscar respostas e defrontar com o mistério.

Há muito sofrimento gerado pelo distanciamento do homem de si mesmo e de sua natureza.

Quando não compreendemos a nós mesmos e o que está ao nosso redor, ficamos apartados do significado de nossas experiências, como que lançados em um mar à deriva.

Sem dúvida há inúmeras questões na vida para as quais não temos respostas, mas a possibilidade de questionar, de buscar a compreensão de acontecimentos e experiências, é sinal de saúde mental e espiritual, indício de que a lucidez está preservada.

A curiosidade é um dos principais sinalizadores de que a pessoa está em movimento.

Na relação íntima, essa abertura se refere ao interesse, à curiosidade a respeito do parceiro: *quem é o outro diante de nós? Como sente, pensa, age? Por quê? Quais suas razões e seus motivos? Quais seus medos e sonhos? Que desejos e frustrações carrega? O que espera da vida? Qual será seu destino? Que significados e sentidos há em suas posições? Como o outro me afeta? Como me mobiliza, o que me faz sentir? Como eu o afeto?*

Compreender e compreender-se são experiências íntimas. São o próprio encantamento diante do desconhecido e estranho, que é o outro perante nós e o si mesmo que se revela diante do outro.

A riqueza de uma relação está justamente nessa busca de compreensão que surge da surpresa do encontro.

Compreensão está além do simples entendimento.

Quando sofremos ou passamos por dificuldades, costumamos procurar os *porquês* do tormento, debatendo-nos pensando sobre suas razões e seus motivos. Isso é natural.

Mas, para que as dificuldades se dissipem, não basta conhecer racionalmente suas causas. É preciso compreender, não apenas saber. Por isso, a compreensão é mais profunda e ampla do que o conhecimento. A compreensão implica paciência, tolerância, compaixão, aceitação e reconhecimento.

Na vida do casal, a compreensão mútua é fundamental para construir intimidade. A compreensão dissolve exigências e expectativas irrealizáveis, pois possibilita o conhecimento do outro como ele é. A compreensão oferece ao casal espaço para revelar suas experiências, seus sentimentos, seus receios e suas necessidades. Compreender significa se interessar e se abrir para, de fato, conhecer o outro, lembrando que esse conhecimento sempre deslizará de volta para a ignorância.

O respeito: o convívio com as diferenças e os conflitos

O que se busca é ter razão e o que se ganha é o distanciamento. Aqui, quem ganha sempre perde.

RUBEM ALVES

Diferenças e conflitos são inerentes aos relacionamentos humanos.

Os conflitos podem ser criativos e levar ao crescimento de ambos os parceiros e da relação, ou podem ser destrutivos e contribuir para o desgaste do relacionamento.

Quando os conflitos surgem, tendemos a entrar em uma competição que, quando predatória, destrutiva e/ou perversa, anuncia o fim.

Há um obstáculo a ser transposto no caminho de aprender a lidar com diferenças e conflitos na parceria: a nossa tendência para investir em *vencer* e evitar *perder*, ou seja, de nos tornarmos competitivos ou bélicos.

Quando isso ocorre, o que está em jogo é o poder. Há disputa e, na falta de limites e disponibilidade para também negociar e cooperar, a relação se enfraquece. Essa disponibilidade implica respeito.

A questão aqui é como lidar com as diferenças de modo a manter o respeito mútuo e o direito que cada um tem de existir e ser como é, o que inclui espaço para as peculiaridades e respeito aos limites e acordos tácitos firmados por ambos os envolvidos. Além disso, respeitar é validar a autoridade do outro, o espaço do outro, o direito e o saber do outro.

No meu entender não há problema em si nas competições. Elas podem ser saudáveis se forem um exercício de nossa agressividade, a energia de vida sem a qual sucumbimos em qualquer esfera da existência. Mas, para tanto, é preciso ter como ponto de partida um lugar ético que pressuponha o direito do outro.

O respeito entre os casais implica administrar a própria agressividade, dando-lhe o devido espaço, o que não significa em absoluto tornar a relação um campo de batalha, em que reina a destrutividade.

A destrutividade pode acontecer quando evitamos a agressividade – quando ela está no lugar da sombra, do que não temos posse e conhecimento, quando é um de nossos pontos cegos.

Quando essa alienação da agressividade acontece, ela vem à tona e, não encontrando lugar e caminho, pode adquirir uma característica impulsiva, portanto primitiva; assim, pode tornar-se destrutiva e perniciosa, inundando a pessoa e o relacionamento.

A agressividade está presente em nossa vida quando há vitalidade, força, energia; quando conseguimos conquistar nossos objetivos, aprender uma nova habilidade, enfrentar obstáculos e dificuldades, realizar projetos, preservar espaços, expressar sentimentos e necessidades. Crescemos e nos transformamos utilizando nossa agressividade para assimilar as coisas do mundo, para encontrar um lugar no mundo e efetivar nossa singularidade.

Se essa força não está integrada à amorosidade, tornamo-nos "tratores", sem delicadeza e gentileza, brutalizados. Ou adoecemos, desenvolvemos depressão e apatia, tédio e somatizações, pois a expressão de nossa energia vital está deformada.

Em geral, usamos a agressividade quando ocupamos nossos espaços físicos, emocionais e afetivos; quando temos opinião própria, independência e autonomia; quando tomamos posse de nossos desejos e vontades; quando nos aproximamos e nos afastamos; enfim, quando mobilizamos nossas forças geradoras de crescimento para viver no mundo, criar e construir.

A agressividade contida revela-se quando sucumbimos às obstruções e aos impedimentos ao crescimento pessoal; quando nos submetemos e nos desvalorizamos, quando evitamos conflitos e confrontos; quando não expressamos nossas emoções e nossos sentimentos; quando não tomamos posse de nossos espaços e desrespeitamos nossos limites, ou seja, quando deixamos que o mundo nos invada.

A agressividade, em vez de ser dirigida para fora como vitalidade e energia de vida, é redirecionada para dentro, e o indivíduo divide-se em "dois": vira fonte e alvo dessa energia, que fica bloqueada e se transforma em sintomas.

Um exemplo típico desse processo é a tensão muscular crônica. Ela é uma metáfora da energia agressiva contida, mal direcionada, já que não está investida para enfrentar ou fugir de uma situação ameaçadora, mas para evitá-la.

Enfrentar ou fugir são formas de interação com o mundo. A evitação, ao contrário, é paralisante, uma disfunção da interação, e dificulta o crescimento.

Pessoas que tendem a evitar o contato ou o recolhimento se tornam isoladas ou demasiadamente aderidas a seus parceiros, o que as impede de vivenciar diferenças e conflitos. Sua energia agressiva não conscientizada assume a forma de sintomas intrapsíquicos e interpessoais.

O conflito, ao contrário do que muitos pensam, não é necessariamente negativo; ele pode gerar uma tensão criativa e liberar forças de transformação fundamentais para o desenvolvimento de cada parceiro e da própria relação, que se mantém viva e estimulante.

Casais que se mantêm ao longo do tempo parecem ser capazes de identificar as forças simbólicas investidas em seus conflitos e saber utilizá-las a favor da relação, para construí-la e fortalecê-la, e não para minar suas forças. Isso não quer dizer que não tenham desavenças nem sentimentos desagradáveis um em relação ao outro. Antes, são capazes de tornar os conflitos caminhos de aprendizado, ampliando a atenção, o conhecimento e o cuidado com o outro e consigo mesmos.

Outros casais parecem sucumbir cada vez que um conflito surge. O conflito é tabu. Em busca única e exclusivamente de autoafirmação e autodefesa, ficam impedidos de gerar acordos, negociações, ou mesmo de tolerar aspectos indesejáveis do outro.

O casal capaz de acolher os próprios conflitos consegue, boa parte das vezes, perdoar-se. Sem perdão, transcender mágoas, raivas e desentendimentos é quase impossível. O casal incapaz de perdoar acaba por nutrir ressentimentos, que podem se transformar em ódio e distanciamento. A confiança se perde.

Há casais que confundem a expressão da agressividade com atacar ou agredir o outro. Uma pessoa que lida bem com a própria agressividade não agride as demais. Antes de tudo, ocupa o próprio espaço, sinaliza e respeita seus limites, valida as diferenças, responsabiliza-se por suas escolhas, acolhe os próprios sentimentos, escolhe quando compartilhá-los, cede e revê suas posições quando necessário, inclui o outro e respeita o espaço dele.

A flexibilidade e a firmeza são expressões elaboradas e refinadas da agressividade. Ao observarmos um exímio mestre de artes marciais em movimento, percebemos a harmonia entre a firmeza e a flexibilidade, condições para uma interação harmônica e rítmica com o que nos cerca.

Pessoas integradas sabem quando ser flexíveis e quando ser firmes, quando podem ou não ceder. Estão disponíveis para ambas as possibilidades.

Os ataques e as agressões, assim como a permissividade, a submissão e a rigidez, são expressões deformadas da agressividade que se encontra mal direcionada e/ou contida, acarretando destrutividade em relação a si mesmo e/ou ao outro.

A forma equivocada de lidar com as diferenças parece ser a principal fonte de sofrimento entre os casais. Em vez de tentarmos lidar com elas, muitas vezes tendemos a amenizá-las, amortizá-las, evitá-las, acobertá-las, ou seja, fazer que desapareçam na ilusão de que assim teremos uma relação harmoniosa.

As diferenças não apenas são inevitáveis como são vitais para a relação amorosa. Quando nos encantamos com alguém, em geral esse fascínio é alimentado justamente por aquilo que é único no outro, portanto precioso.

Ao criar um vínculo, tendemos a nos sentir ameaçados por essa mesma singularidade, responsável por nosso encantamento.

Se não há tomada de consciência das diferenças e dos conflitos e boa vontade para trabalhá-los em favor da relação, começamos a matar o amor e a cumplicidade.

Fernando Pessoa, na voz de Alberto Caeiro, nos lembra a importância da diferença: "A tua grandeza está em existires inteiramente fora de mim".

Os conflitos podem ser criativos. Infelizmente, a maioria de nós aprendeu a confundir conflito com competição, guerra, ruptura e até destruição. Conflito também pode ser tudo isso. Mas geralmente denota apenas diferenças, seja entre pessoas, seja entre grupos, nações ou consigo mesmo, isto é, a diferença que constatamos internamente.

O mais importante de saber quando se está diante de um conflito é que existem partes diferentes que precisam ser ouvidas, conhecidas, aceitas, para que possam ser incluídas.

Resolver um conflito não significa concordância entre as partes, mas uma negociação na qual elas tenham voz. Muitas vezes, é preciso ceder um pouco para que haja essa negociação, o que significa que, quando há conflito, a rigidez é a melhor maneira de acirrá-lo.

Não é preciso, então, concordar com o outro e fazer as coisas como ele faz, nem rejeitá-lo, tratá-lo como se não existisse ou procurar vencê-lo. O importante é abrir um espaço de diálogo; caso não se consigam um entendimento e a satisfação das partes envolvidas, muitas vezes é necessária a separação, para preservar o respeito e a dignidade.

Em outros momentos, é possível buscar ajuda profissional. Dependendo da circunstância, precisamos de advogados, juízes, psicólogos, orientadores, consultores e, no caso de nações, de organismos internacionais.

A exclusão gera guerra e destruição – seja a exclusão psíquica, que torna uma pessoa miserável emocional e afetivamente; seja a exclusão social e econômica, que pode causar fome, violência, desagregação; seja a exclusão religiosa, que leva ao fanatismo, terrorismo e intolerância; seja a exclusão sexual, que causa preconceitos, injustiças, ignorância; seja o somatório de tudo isso, que origina a guerra, a morte, a perversidade e a barbárie.

O conflito pode ser criativo na medida em que nos mobiliza para ampliarmos a nossa visão de mundo e de nós mesmos. A igualdade não gera crescimento; a diferença, sim – com o filho adolescente, o marido, o chefe ou funcionário, um familiar, o vizinho ou colega de trabalho, os relacionamentos sempre nos desafiam.

O conflito nos força a rever posições. Podemos aprofundar nossa compreensão acerca de nossos argumentos e posições; deixar que os sentimentos falem mais alto e nos direcionem para resolver o conflito; ampliar nossa visão com base na perspectiva do outro; aprender possibilidades que desconhecíamos; conhecer de fato o outro; ou, no mínimo, tornarmo-nos mais flexíveis e hábeis para nos relacionarmos.

Uma relação que nunca apresentou nenhuma espécie de conflito normalmente é bastante superficial. Quando ganhamos intimidade com alguém, ou quando convivemos e passamos a conhecer melhor uma pessoa, deparamos com diferenças, expectativas, necessidades, frustrações, discordâncias e divergências – e relacionar-se é a arte de conviver com tudo isso.

É como uma dança que exige atenção ao próprio corpo e ritmo e, simultaneamente, atenção ao corpo e ao ritmo do parceiro, além de ao ritmo da música. Às vezes damos passos à frente, às vezes para trás, outras para o lado; ora olhamos na mesma direção, ora na direção contrária; ora nos tocamos, ora soltamos as mãos; ora nos separamos, ora nos unimos. Mas a dança continua sem parar.

Muitas vezes temos dificuldade de lidar com as diferenças por termos desenvolvido demasiadamente a lógica racional que afirma que, se estou alegre, não posso estar triste. Se alguém é bom, não pode ser mau. Se me unir, não posso me separar. Mas nossa experiência é diferente. Ela inclui aspectos nossos que não correspondem à lógica racional. Somos capazes de sentimentos contraditórios, paradoxais, opostos, e isso não quer dizer que estamos loucos.

Ao contrário, ser capaz de acolher nossas contradições quer dizer, em geral, atingir o amadurecimento do próprio pensamento, que abandona o maniqueísmo e as dicotomias e passa a considerar a complexidade e a relatividade de nossas experiências – e mais: de nossa existência.

Apenas um pequeno exemplo para ilustrar. Quando somos ingênuos, inexperientes e jovens, tendemos a nos agarrar a verdades e dogmas e ficamos muito inseguros por não termos respostas quando nos perguntam algo.

Em geral, confundimos ignorância com incapacidade, o que é um equívoco. Quando amadurecemos, compreendemos que não saber é parte integrante da experiência, e já não nos provoca insegurança ou necessidade de autoafirmação. Aprendemos que o saber inclui o não saber e vice-versa. Não há sensação de ameaça à nossa autoestima pelo fato de não termos resposta para tudo.

Podemos mudar de ideia, de posição, podemos dizer "Não sei" sem o constrangimento inicial. Podemos ficar inteiros, sem que isso signifique prontos ou certos. Sabemos que se há uma verdade absoluta não temos equipamento mental para abarcá-la.

Compreendemos que podemos ter perspectivas a partir das quais olhamos a vida, o que não significa que sejam as melhores perspectivas. São apenas as nossas perspectivas. São como janelas pelas quais admiramos ou simplesmente miramos a vida. Minha perspectiva nunca vai ser igual à de outra pessoa, e isso não significa que não possamos compartilhar experiências, sentimentos, objetivos, metas, sonhos.

Os conflitos revelam a diversidade, a multiplicidade das facetas, dos olhares possíveis, das misturas, da pluralidade humana.

Relações que não explicitam seus conflitos são como bombas prestes a explodir. No âmbito familiar podemos vislumbrar essa realidade em famílias nas quais não há expressão de diferenças, nem discussões ou desavenças. Se pesquisarmos mais profundamente, podemos encontrar um rio subterrâneo por onde correm hipocrisia, ressentimentos, perversidade, exclusão, ódio e solidão.

É preferível uma agressão explícita, da qual você pode se defender, pois sabe quem e como é seu agressor, à agressão velada, sub-reptícia, que enlouquece e mascara suas verdadeiras intenções, é desonesta, sutil e perversa.

Famílias que não acolhem os conflitos, que os mascaram em nome de uma pseudo-harmonia, podem fomentar a erva daninha da hipocrisia e do distanciamento, pois ninguém confia em ninguém. Há um clima de ressentimento, ódio e desconfiança no ar.

Encontramos famílias que mais se assemelham a academias de boxe. Todas as indelicadezas, truculências e brutalidades são reservadas uns para os outros. Na verdade, não são famílias. Não há respeito pela individualidade, apenas individualismo, solidão, invasão de privacidade e ausência de espaço.

Pais, filhos e irmãos passam a ser depositários do que há de pior uns nos outros e confundem isso com intimidade. Gritam, ofendem, invadem o espaço uns dos outros, desconhecendo o significado das palavras "limite", "respeito" e "delicadeza".

Atribuem suas frustrações uns aos outros em vez de cada um assumir a responsabilidade que lhe compete nas relações, no espaço físico, nas agressões etc. Em geral, os pais não assumem a própria autoridade ou tornam-se autoritários, eximindo-se da responsabilidade ou excluindo os filhos. Não sabem dar nem receber afeto. Não sabem dar nem receber limites, pois não há afeto sem consciência dos limites. Pais que não exercem autoridade ensinam os filhos a se confundir com os outros ou a se tornar tiranos. Pais autoritários ensinam os filhos a não confiar em si mesmos ou nos outros.

Felizmente, em algumas famílias há amor, respeito, boa vontade e bom humor. Há possibilidade de crescer, de se sentir seguro e protegido; de vivenciar a possibilidade de pertencer; de viver a aceitação e ter licença para errar e perdoar, para amar, sentir raiva, tristeza, frustração; de possuir e construir individualidade, privacidade, confiança.

Em certas famílias há a possibilidade de existir. Não que seus membros sejam iluminados, bonzinhos ou bem resolvidos, mas têm espaço para existir. Isso é muito e costuma ser suficiente. É um excelente começo para qualquer criança quando chega ao mundo.

Gibran, em *O profeta*, fala-nos do casamento e da importância de honrar as diferenças:

> ... haverá lacunas em vossa união. E deixem que os ventos dos céus dancem entre vocês...
> E ficai juntos, mas não juntos demais:
> Pois os pilares do templo ficam separados,
> E o carvalho e o cipreste não crescem na sombra um do outro.

A humildade

Tudo menos ter razão!
FERNANDO PESSOA

Uma das facetas fundamentais da intimidade é a capacidade de ser humilde.

Para que haja ampliação da consciência de cada pessoa ou na relação entre um casal, é necessário correr o risco de conhecer, que implica *desalojamento*. A busca da consciência, do conhecimento e da lucidez leva-nos a partir, a criar caminhos para viver, para realizar nossa natureza e atualizar nossos potenciais.

Permanecer na zona de conforto e na imobilidade, ou seja, no *mesmo*, nos faz medíocres e acomodados. Não questionar é não existir.

Como discuti antes, a curiosidade é um dos principais sinais de que há integridade psíquica e/ou possibilidade de resgate da saúde mental, e está diretamente relacionada com a humildade.

Questionar é uma forma de abertura para o mundo, para a vida, para os relacionamentos, para a criatividade, para o amor, e implica consciência de nossos limites. Questionar é admitir que não sei tudo que há para saber, que não sou o centro do mundo, que sou incompleto, que há outros além de mim que podem ver, sentir e ser diferentes.

A vida é, acima de tudo, mistério e enigma, que exigem coragem e consciência dos próprios limites. Porque, como diz Guimarães Rosa, "Vivendo se aprende; mas o que se aprende mais é só a fazer outras maiores perguntas".

Quem é curioso geralmente é humilde. Isso ocorre porque o curioso assume uma posição de abertura diante do que não sabe; não se considera o detentor da verdade. Em uma relação, essa é uma atitude fundamental, pois sem a curiosidade em saber o que se dá no mundo do outro as perguntas não surgem, a abertura que é o cerne do amor não se realiza.

O humilde é aquele que pergunta, que se interessa, que vê além de si mesmo, que acata a condição humana inapreensível e pode maravilhar-se com a existência de seu companheiro, com a riqueza da outra forma de ser, compreendendo que sempre terá o que aprender. O humilde sabe que precisa de ajuda para crescer, que tudo que é, faz e tem inclui o outro.

Ser humilde não é ser submisso ou adotar falsa modéstia, tampouco é expor-se à humilhação; o humilde é modesto e consciente da própria pequenez, portanto da própria grandeza. O humilde não vive de acordo com imagens grandiosas de si; ao contrário, ao ser lúcido de sua condição, reconhece o possível, honra as próprias posições, reconhece seus direitos, seus sentimentos, seus limites e seus recursos – e oferece ao outro o mesmo direito.

Quando somos humildes, não exigimos de nós o que está além de nossas possibilidades, respeitamos os limites alheios e reverenciamos sua sabedoria, aceitando a oferta e valorizando o que é do outro.

O crescimento

Transformar é caminho e fim ao mesmo tempo.

RUDOLF STEINER

A intimidade só se constitui em uma relação em que há crescimento. O crescimento é fundamental para uma vida realizada. Crescimento é transformação.

Todas as pessoas podem nos oferecer lições a respeito de quem somos e nos mobilizar para o contínuo processo de crescimento.

Nossa vida é uma obra aberta, portanto sempre pode ser transformada, redirecionada, ressignificada e reconfigurada.

Todos os mestres da humanidade, todos os sábios e seres humanos considerados iluminados afirmaram que se conhecer é o caminho da iluminação. Conhecer-se é, fundamentalmente, crescer.

Podemos confundir o que somos com o que pensamos ser ou o que acreditamos que deveríamos ser. É comum, então, criar ilusões a respeito de nós mesmos.

Observo em meu consultório que muitas pessoas constroem imagens de si mesmas e nem sempre conseguem perceber quem de fato são. Muitas são as pessoas que confundem crescer com melhorar. Crescer é desenvolver um potencial, criar condições para o desabrochar; é como uma semente, que é o potencial para tornar-se árvore. Se cair em terra boa, se for cuidada, se transformará em uma planta.

Crescer é tornar-se o que já se é em potencial. *Melhorar* em geral implica sentimentos de culpa e inadequação, de pecado, de não ser bom como se é, de ter defeitos. Crescer pressupõe atualizar o potencial, a necessidade de aprender pela experiência e de autorrealizar-se.

Quando as pessoas confundem crescimento com progresso, podem tornar-se excessivamente voltadas para a exterioridade, sem se dar conta da vida interior. Crescimento implica realização de tarefas que possibilitam a transformação.

Em geral, o progresso é consequência natural do crescimento, mas o oposto nem sempre é verdadeiro.

Quem confunde progresso com crescimento pode não saber repousar, fazer escolhas gratificantes, renunciar ou abrir mão de oportunidades, mesmo que não lhe agradem; teme o fracasso, confunde descanso com comodismo, limite com fraqueza, *ter* ou *fazer* com *ser*.

O crescimento é natural na experiência humana, mas uma série de fatores pode inibi-lo ou dificultá-lo.

Na vivência de um casal, a própria relação pode e deve crescer, e a intimidade é a expressão desse crescimento.

Quando os parceiros, ou um deles, paralisam seu processo de crescimento, o relacionamento sofre, pois os entraves pessoais se transformarão em entraves relacionais.

É bastante comum que relacionamentos se desfaçam quando um dos parceiros fica impedido em seu processo de crescimento. É como se o fio que une as pessoas se tornasse cada vez mais tenso até arrebentar, pois um caminha e o outro fica parado.

O processo de crescimento implica ampliação da consciência, aumento da compreensão, dos horizontes, da profundidade e intensidade na vivência das experiências, ganho de maturidade; quando esse caminho não é compartilhado, passa a existir um sentimento de solidão de ambos os parceiros.

Uma das coisas que mais unem um casal é a disposição para crescer junto.

O perdão

*O grande amor é como um lago, que absorve todas as
pedras que lhe são atiradas sem nenhuma cicatriz.*
ROSE MARIE MURARO

Todos nós cometemos erros e falhamos, mas as pessoas muito
exigentes consigo mesmas costumam confundir erros ou ignorância com incapacidade.

Tais pessoas muito também se tornam opressoras com as demais,
pois criam grandes expectativas com relação aos outros, deixando-os
sem espaço, sufocados pelo excesso de cobranças.

O excesso de exigências e cobranças em uma relação faz que
os erros e as falhas humanas não sejam acolhidos e compreendidos, diminuindo as experiências fundamentais de tolerância e
perdão, sem as quais qualquer vínculo se abala.

O perdão é uma das facetas do amor. A capacidade de perdoar
reflete a compreensão da condição humana e possibilita que atra-
vessemos crises naturais, desentendimentos, falta de comunicação,
mágoas, sem transformá-los em ressentimentos, que são os piores
venenos para uma relação e uma vida.

Um casal que acumula ressentimentos cultiva o ódio e a destrutividade.

Perdoar não é apenas dizer que perdoamos, ou *esquecer*, mas atravessar o que quer que possa ter nos aborrecido, magoado ou ferido. É claro que muitas vezes precisamos de um tempo para "digerir" o ocorrido, e é importante dizer ao outro o que nos fere. É preciso expressar a dor, a mágoa, o ódio, a tristeza; o outro precisa ter chance de saber o que nos machuca, para em uma próxima vez ter consciência de que poderá nos ferir, caso repita o gesto ou a atitude que nos aborreceu.

Perdoar não é *desculpar*, pois não controlamos nossos sentimentos. Perdoar é ser capaz de validar nossos sentimentos e ir além deles, prosseguir, renovar nossa confiança e resgatar a abertura diante do outro. Tarefa difícil, mas não impossível quando há amor por si mesmo e pelo outro, considerando os limites de cada um.

O perdão é a possibilidade de deixar para trás aquilo que passou; é uma das tarefas fundamentais da existência, principalmente nas etapas da vida madura, quando a pessoa contempla a morte e a finitude. Quando não somos capazes de perdoar, ficamos ressentidos, amargos, e não podemos mirar um horizonte na existência, já que carregamos fardos pesados e ficamos impedidos de prosseguir. Alcançar o perdão é uma das maiores conquistas da vida, seja em relação aos nossos pais, seja em relação aos nossos companheiros, à vida, ou a nós mesmos.

Quando não perdoamos o outro, no fundo não perdoamos a nós mesmos, não aceitamos nossa parte ferida e vulnerável.

A dádiva do perdão é a gratidão pelo fato de que o que foi vivido nos ajudou a nos tornar quem somos, mais sábios e lúcidos, e de que a vida é uma passagem e uma realização de nós mesmos, mesmo que carreguemos (e todos nós o fazemos) aspectos feridos e irrealizados de nosso ser.

A relação de intimidade nos oferece um exercício da capacidade de perdoar, uma das dimensões mais importantes da conquista da sabedoria humana.

A gratidão: a tradição e a memória ancestral

Parente não é o escolhido – é o demarcado. Mas, por cativa em seu destinozinho de chão, é que a árvore abre tantos braços.

RIOBALDO, EM *GRANDE SERTÃO: VEREDAS*,

(GUIMARÃES ROSA)

Qual a história de sua família de origem?

O que se repete nas histórias das gerações que o antecederam?

Que padrões de atitudes e de conflitos aparecem na vida de seus ancestrais?

Quais seus valores e desafios ao longo do tempo e das gerações?

Que formas de sofrimento e adoecimento aparecem em seu grupo familiar de origem?

À qual etnia pertence? O que a caracteriza?

Como as relações, a amorosidade e a solidão se apresentam em sua família?

Que tradições precisam ser reconhecidas e honradas?

Que sabedoria sobre a condição humana herdou de seus ancestrais?

Essas são algumas questões relacionadas com o conhecimento e a apropriação dos valores da tradição pessoal, nossas raízes, e com a possibilidade de experimentarmos *gratidão*.

Relacionar-se intimamente é encontrar-se também com os valores, os princípios, os códigos de conduta e de comunicação, os tabus, as habilidades e sofrimentos advindos do grupo familiar e cultural dos parceiros.

Conhecer-se tem que ver também com tomar consciência dos padrões de relacionamento nos quais estamos envolvidos e que geram sofrimento, bem como do saber que nossos ancestrais transmitiram e que portamos. Nascemos em uma família construída a partir de outras, e são muitos os padrões e mitos de nossos ancestrais que nos influenciam e até determinam nosso destino.

Algumas dessas influências são benéficas e queremos preservá--las e perpetuá-las, mas outras podem ser nocivas, gerar confusão, sofrimento e angústia que são transmitidos de geração em geração.

Conhecer-nos, então, implica tomar posse de nossa ancestralidade, de nossas raízes e origens, não para renegá-las ou perpetuá--las, mas para aceitá-las, despedir-se delas quando nos causarem prejuízos, honrá-las, experimentar gratidão pelo que nos ofertaram e fazer as rupturas necessárias para alcançarmos uma posição pessoal na vida.

Para tanto, precisamos aprender a lidar com culpas, cobranças, carências, manipulações e tabus, presentes em todas as famílias.

A consciência das relações com a família é uma experiência rica que pode gerar crescimento. É parte fundamental do processo de autoconhecimento, necessário para constituir a própria família e minimizar os ruídos e as contaminações dos padrões de sofrimento da família de origem.

Para nos conhecermos, é importante também observar como vivemos nossas outras relações, como experimentamos a intimidade ou a solidão.

Muitos repetem sem consciência histórias familiares, sem se dar conta de que estão prescindindo de criar um destino, uma nova história, uma nova família.

Há pessoas capazes de ir além do que herdaram, que recriam e renovam o saber ancestral, que refinam o saber que a família desenvolveu, quando inauguram no mundo uma nova forma de ser que carrega a memória do passado, mas não perde a memória do futuro que é sempre criação.

Na vida de um casal, essa consciência é fundamental. Toda família carrega tabus, ou seja, experiências, sentimentos, conflitos, temas, aspectos sombrios, que nunca foram partilhados, expressos, trazidos à tona, nunca foram objeto de diálogo. Esses tabus carregam sofrimento na medida em que se transformam em assuntos proibidos, e cada membro da família é jogado na solidão, na impotência, sem poder se mover quando tal questão é apresentada pelo mundo e em seus relacionamentos.

Há tabus bastante comuns em nossa cultura: sexualidade, sentimentos de fragilidade, medos, conflitos, confrontos, amor, raiva, inveja, ciúme, vingança, temas como dinheiro e competição, entre tantos outros. O que para certas famílias é simples, fácil de lidar, para outras é assunto interdito, inexplorado, difícil, em que seus membros se enredam e são carentes de referências para transitar pelas mesmas questões.

Um exemplo bem típico é quando o tabu familiar se refere a conflitos, raivas, desavenças. Quando essas experiências são tabus, a tendência dos membros da família é de amortecer sentimentos de conflito, evitar situações conflitantes, represar raiva, frustração e mágoas, o que pode gerar, entre outras coisas, distanciamento, frieza e falta de intimidade.

Além disso, é bastante comum que as pessoas nessas condições adoeçam, sofram e apresentem dificuldades de relacionamento, já que a carga de energia nos conflitos não pode ser expressa, ultrapassada e transformada em benefício das próprias relações.

Já em uma família em que é tabu, por exemplo, sentir-se vulnerável, pode haver muito orgulho, várias explosões de raiva, competição diante das próprias convicções, inúmeras brigas, sendo sentimentos como tristeza e solidão jogados na sombra por não poderem ser expressos e respeitados.

É vital que um casal tome consciência dos tabus que carrega. Toda vez que a relação chamar os parceiros a enfrentar determinadas questões, os tabus podem entrar em jogo, e o que é simples e óbvio para um pode ser aterrorizador e paralisante para o outro.

Os códigos de expressão de afetos e emoções normalmente divergem bastante de uma família para outra, e tendemos a interpretar o mundo e as outras pessoas a partir de nossos próprios códigos.

Observamos essas dificuldades, por exemplo, em relação a exprimir amor. Há pessoas que expressam amor sendo atenciosas, interessadas no que o outro diz, apoiadoras; outras, por meio de ações, fazendo coisas pelo outro: cozinhando, arrumando, cuidando das coisas do parceiro. Algumas expressam amor verbalmente, fazendo declarações, dizendo quanto o outro é importante para elas. Outras ainda costumam expressar-se pelo toque, são carinhosas fisicamente, beijam, abraçam, buscam e oferecem contato físico com mais frequência.

Não raro, tendemos também a interpretar como amor o que é expresso da forma que conhecemos. Isso gera muitos desentendimentos entre casais. Precisamos desenvolver a capacidade de perceber como o outro se expressa, no que é diferente de nós. Podemos ainda contar a nosso parceiro *como* e *quando* nos sentimos amados, para que ele desenvolva também novas formas de expressar-se e de nos tocar.

Mas é importante lembrar que o amor não é um *fazer*, ou um *dizer*; o amor é, fundamentalmente, um estado de *ser*. O que não significa que as manifestações amorosas não sejam importantes. Todos nós apreciamos gentilezas, delicadezas, carinhos, ser lembrados, cuidados de vez em quando, apoiados, validados. Muitos são os gestos de amor.

Se observarmos com atenção, essas formas de expressar amorosidade também advêm de nossa família de origem; têm influência, inclusive, da cultura, da procedência de nossas famílias. Famílias italianas, por exemplo, expressam-se muitas vezes de modo completamente diferente de famílias japonesas ou russas.

Famílias que se constituíram e viveram por muitos anos e gerações no interior do país ou na zona rural são diferentes das essencialmente urbanas.

A religiosidade de cada família também influencia o modo de concebermos o sagrado, a espiritualidade, a relação com a morte, as perdas, o sentido da vida.

Enfim, há toda uma sabedoria transmitida pela tradição familiar. E, quando nos apropriamos dela, a experiência é a gratidão e a liberdade.

Adélia Prado revela o sentimento de orfandade e ao mesmo tempo de reconhecimento e gratidão em seu "Poema esquisito": "Mãe, ô mãe, ô pai, meu pai. Onde estão escondidos?/ É dentro de mim que eles estão".

Quando experimentamos gratidão, é porque somos capazes de ver nossos ancestrais essencialmente humanos para além dos papéis e funções que desempenharam em nossa vida. Isso possibilita a responsabilidade de zelarmos por nós mesmos.

Na vida de um casal, a riqueza dessa experiência de gratidão se amplia à medida que ocorre a mestiçagem de raízes, ou seja, há um enriquecimento recíproco. Cada um pode se tornar mais sábio e completo. Nossos parceiros muitas vezes nos ajudam a inaugurar novas possibilidades de viver, crescer, aprender e amar que não puderam ser ofertadas por nossos ancestrais.

A trajetória humana dá-se justamente por meio da recriação da tradição, que precisa ser honrada, para que jamais percamos a memória do humano, e renovada, para que a vida tenha um sentido e uma direção.

A leveza e o humor

Mestre, são plácidas todas as horas que nós perdemos
se no perdê-las, qual numa jarra, nós pomos flores...
Colhamos flores. Molhemos leves as nossas mãos nos
rios calmos, para aprendermos calma também...
RICARDO REIS

A experiência da leveza, vinculada à capacidade de repouso e quietude, tem sido rara. O repouso está relacionado tanto com o mundo interior como com a pausa nas atividades rotineiras, ou seja, o lazer e o ócio.

Além do trabalho e dos compromissos cotidianos, o lazer e o ócio são experiências fundamentais em nossa vida que nos centros urbanos infelizmente se tornaram bastante difíceis de conseguir.

Muitas pessoas não sabem mais repousar, relaxar, brincar, curtir um tempo livre de compromissos. Não podem contemplar.

Tive uma cliente cujo namorado criava uma lista de afazeres para "o lazer e a qualidade de vida" do fim de semana, que se transformava em um verdadeiro calvário para o casal, pois essas atividades não estavam fundadas na leveza e na capacidade de repousar. Eram novos compromissos e tarefas.

A agitação das metrópoles, associada à falta de consciência e valorização de nossos desejos e necessidades, e uma falta de espaço na própria interioridade para se aquietar tornam difícil o silêncio necessário para alcançar o repouso e a leveza.

Para repousar é necessário ser capaz de estar presente, o que não tem que ver com fazer coisas, mas estar sensível às pequenas coisas do dia a dia, como um beijo, um pôr do Sol, uma chuva refrescante, uma lambida amorosa de seu cão, o cheiro de feijão no fogo e tantas outras milhares de experiências. Repouso implica simplicidade e contemplação.

A vida hoje é, sem dúvida, repleta de demandas das quais nunca daremos conta; mas, se transformarmos o dia em uma lista de afazeres, ficaremos exaustos e entediados. E no dia seguinte repetiremos o calvário, a luta e a batalha.

Há momentos para sermos guerreiros e outros para retirarmos a armadura e baixarmos a espada.

Há pessoas que estão tão impregnadas pelo clima de guerra e identificadas com o papel de guerreiras que não sabem o que fazer sem desafios, obstáculos, adversários. O trabalho e as tarefas cotidianas tornam-se compulsivos, ou seja, meios para evitar a ansiedade e o vazio.

Essas pessoas transformam a si mesmas em um eterno campo de provas e combates. Vivem para vencer a si mesmas e aos outros. São excessivamente ambiciosas. Já o crescimento implica, também, repouso, pausa, silêncio, descanso.

Na vida de um casal é muito importante preservar ou criar espaços para a brincadeira, a descontração, a leveza e a ausência de compromissos. Isso não tem tanto que ver com *o que* se faz, mas principalmente com *como* se faz.

Em uma vida compartilhada, sobretudo quando há filhos, a tendência é nos ocuparmos em demasia com afazeres, tentarmos dar conta das demandas, privilegiando sempre os compromissos e os objetivos em detrimento de momentos para contemplar, apreciar, "não fazer nada", simplesmente *estar*.

Assim, esses espaços precisarão ser cultivados, defendidos, criados e preservados, sob pena de sobrecarregarem a pessoa e a relação, que passa a ser apenas uma troca de obrigações, deveres e compromissos. Quando isso acontece, perde-se o bom humor, um dos elementos mais importantes para uma relação duradoura.

O humor preserva muitos casamentos. É preciso saber rir de si mesmo, não levar tudo tão a sério, brincar um pouco, desafogar as tensões. Quando um casal sabe se divertir junto, a intimidade cresce e se fortalece. Um oferece leveza ao outro, prestando uma ajuda fundamental em momentos de tensão.

Isso não quer dizer perder a seriedade quando se fizer necessária, mas ser capaz de rir, curtir, sair um pouco para espairecer, tirar um dia de folga de vez em quando, sair um pouco mais cedo do trabalho para passear, curtir o fim de semana fazendo algo novo, reunir amigos, ouvir música juntos, assistir a uma aula de natação do filho, enfim, pequenas coisas que nos devolvem em um cotidiano estressante o sentimento de liberdade, leveza e prazer de viver.

No mundo contemporâneo, já que não há oferta de espaços de recolhimento, repouso e silêncio, é preciso, com certo esforço, criá-los e cultivá-los, sob pena de ficarmos excessivamente voltados para a exterioridade, reativos o tempo todo ao que acontece ao nosso redor, impossibilitados do recolhimento necessário para o relaxamento e a contemplação.

Não há bom humor que resista à pressão, à falta de espaço, ao barulho, à agitação, ao cansaço e à exaustão. Quando não há lugar para nós mesmos, certamente não haverá para nosso parceiro, nossos filhos e muito menos para a leveza e a alegria de viver.

A sexualidade

Quando recuperava a alegria, Glória ficava íntima. E descobria: desde toda a sua vida, o medo, o sentimento de culpa não a preservavam, antes a endureciam. Mas estar alegre era possuir intimidade, seu corpo não era mais feito de partes, mas uma só coisa harmoniosa, ajustada, digna de amor e amar, fazer os outros felizes.

ADÉLIA PRADO

O tema da sexualidade humana é profundo e complexo.

A sexualidade na vida de uma pessoa, assim como na de um casal, passa por muitas transformações e depende de inúmeros fatores: biológicos, psíquicos, sociais, culturais, éticos, históricos, relacionais.

Nossa sexualidade se constitui ao longo de toda a vida, desde o nascimento até a morte.

As experiências da sexualidade têm, também, diversos significados que variam de acordo com a etapa de vida na qual a pessoa se encontra, pois em cada fase há questões, temas, conflitos e tarefas diferentes, que vão dar significado e sentido às vivências sexuais.

Para citar um exemplo: na adolescência, a sexualidade é marcada fortemente pela questão da *excitação*. Os hormônios estão em festa, e ainda há uma busca de afirmação da própria identidade sexual e da possibilidade da realização nesse âmbito da vida. É uma fase de descobertas, em que o prazer tem grande importância, além de ser um período de experiências variadas, de contato com o próprio corpo e o dos parceiros.

Nessa etapa normalmente acontecem as primeiras paixões, que são vividas com muita intensidade e dramaticidade e podem acabar da mesma maneira que começaram. Os adolescentes "ficam" com vários parceiros pois estão exercitando a capacidade de se vincular, amar e se relacionar. A frequência dos contatos sexuais costuma ser alta e marcada mais pela quantidade do que pela qualidade dos vínculos, já que há a necessidade de experiências diversas para conhecer a própria dimensão afetiva e sexual e para alcançar a maturidade no futuro.

Essa costuma ser uma fase assinalada por muitos conflitos, tensões e inseguranças relativos ao próprio corpo, à virilidade e à feminilidade, à capacidade de amar e despertar amor. Muitos dramas infantis voltam à cena, já que a adolescência é fundamentalmente um lugar de passagem da infância para a vida adulta. Não é incomum que os adolescentes apresentem certa onipotência, que desconheçam os próprios limites e, mesmo bem informados, pratiquem sexo inseguro, o que muitas vezes leva à gravidez precoce e indesejada e a doenças sexualmente transmissíveis.

Quando tudo corre bem, a tendência é de que uma seletividade natural na escolha de parceiros afetivos e sexuais se estabeleça e o adolescente passe a namorar, a ter relações mais duradouras e vínculos mais estáveis, na direção da vida adulta, quando os vínculos se tornam enraizados e passam a constituir relacionamentos mais íntimos.

Após a adolescência, a sexualidade sofre transformações e, em geral, o jovem adulto passa a integrar as experiências sexuais com o vínculo afetivo, desenhando aos poucos, ou não, um projeto de vida futura compartilhada, como morar junto com o parceiro ou fazer planos de casamento, família e filhos.

Nessa etapa, a questão da comunicação passa a adquirir maior relevância na vida sexual. O prazer, a capacidade de chegar ao orgasmo ainda têm um significado bastante importante; porém, diferentemente do adolescente, o adulto passa a viver a sexualidade como expressão, como comunicação de afetos, como forma de encontro e compartilhamento. A vivência da sexualidade adquire o colorido do vínculo amoroso, embora o êxtase, o clímax e o orgasmo ocupem um lugar fundamental.

A sexualidade no início da vida adulta, ainda marcada pelo vigor, é um terreno pelo qual o casal pode ganhar intimidade crescente, já que os tabus, as diferenças, as questões e os conflitos da sexualidade e da comunicação de ambos os parceiros passam a ser vivenciados e confrontados no cotidiano, chamando o casal para atravessá-los por meio do ganho de intimidade.

Na idade madura, a sexualidade sofre profundas transformações. Como não há tanto vigor como antes, a questão da qualidade dos relacionamentos é fundamental e torna-se prioritária.

O orgasmo já não é um fim em si mesmo, e a frequência das relações costuma diminuir, embora, quando aconteçam, sejam encontros assinalados pela qualidade, já que há mais liberdade, desenvoltura, superação de tabus e conflitos, pudores e constrangimentos.

Não há necessidade de autoafirmação, e o encontro com o parceiro é mais íntimo, pois, se o casal já se relaciona há tempo, a entrega e a intimidade já se constituíram.

Na maturidade, o casal harmônico comunica-se silenciosamente na relação sexual; ambos vivem a experiência como viagem, como visita, como um passeio pelo corpo, pelos sentimentos e sensações promovidos pelo encontro.

O encontro *em si* tem significado profundo, está além do encontro genital, e o orgasmo é mais uma consequência do que um objetivo a ser alcançado.

É fundamental que o casal seja capaz de namorar, trocar carícias e delicadezas, para que a relação aconteça. O *suave* se revela. Nessa etapa da vida não serão mais os hormônios, a necessidade de conquista e sedução a ditar o ritmo ou a frequência das relações sexuais.

Assim, é bastante comum que na maturidade os conflitos sexuais não visitados anteriormente reapareçam e chamem o casal e a pessoa a se apropriar deles para atravessá-los.

Dessa maneira, a maturidade é marcada por um retorno às questões sexuais de fases anteriores, o que possibilita a vivência de transformações profundas ou o estancamento em bloqueios que podem ser confundidos com a perda da vitalidade.

Quando o casal atravessa essas questões, os encontros costumam ser caracterizados por sentimentos de paz, de repouso, de amor profundo, de comunhão e alegria, pois é possível "desmanchar-se" no outro – uma experiência de entrega profunda, a *plena intimidade*.

Tal encontro costuma ser vivido como uma experiência e uma visita do sagrado.

O sentido da existência e a relação com o sagrado

A grandeza do ser humano é que ele é capaz
de procurar o mar mesmo num pântano.
Rose Marie Muraro

No mundo contemporâneo, muitos são os sintomas que advêm da desesperança e da falta de um sentido para a vida, entre os quais a *depressão*, considerada "o mal do século".

A depressão, além de revelar que estamos adoecidos em nossa dimensão psíquica e/ou biológica, indica que estamos adoecidos em nossa dimensão espiritual.

Falta ao homem a experiência do *sagrado*.

A crescente impossibilidade de experiências *humanas* contribui para o agravamento da desesperança, que reflete um aprisionamento no profano, dissociado do aspecto sagrado da existência.

A experiência do vazio, o medo da morte e a falta de sentido muitas vezes têm raízes na ausência de um sentimento de existência, de estar *realmente* vivo, de confiança básica, fundamento da fé e do sentido da vida.

A depressão e a desesperança colocam-nos em um lugar fechado ou em uma ausência de lugar, em que não há entrega, não há disponibilidade, não há repouso, em que nossos olhos se fecham para o mundo de dentro e/ou de fora.

Para que o mundo se constitua em morada e a vida possa ter sentido, a presença de *outro* é essencial. Onde há *outro* há esperança.

No âmbito das relações amorosas, uma das experiências mais importantes que um casal pode viver é sonhar juntos, compartilhar valores fundamentais. É criar um horizonte comum que norteie seus passos e dê persistência nos momentos de dificuldades que certamente virão.

Isso acontece quando traçam objetivos, criam projetos de vida, se propõem a mudanças ou a conquistas, partilham valores e anseios. Quando têm um norte para guiá-los e ajudá-los a direcionar suas energias e seus esforços. Quando dividem *princípios* fundamentais.

O horizonte é um profundo elo transcendente.

É importante lembrar que cada um dos parceiros tem seus horizontes, sonhos e projetos pessoais. Um casal amoroso é capaz de apoiar-se em suas empreitadas individuais.

A abertura para o mistério, para o mais além, dá sentido à vida. Isso não está necessariamente atrelado a pertencer ou se identificar com movimentos religiosos.

A dimensão transcendente da vida é a abertura, a genuína vivência espiritual. Uma relação amorosa é a realização dessa abertura.

Nossos relacionamentos são oportunidades inigualáveis para a vivência espiritual, no sentido da transcendência do ego isolado. É possível renovar-se na vivência da simplicidade e da preciosidade de pequenos gestos, da revelação do amor, que não se restringe a gestos românticos ou a desejos eróticos, mas se dá quando se inaugura a possibilidade de ser profundamente transformado pelo outro.

Muitas pessoas, em seu momento derradeiro, perguntam-se o que fizeram da vida e deparam com a dor da falta de sentido e do vazio, da ausência de amor e de relacionamentos significativos. Várias pessoas que passaram por *experiências de quase morte* disseram que o amor é o que há de mais importante na vida e na morte.

Há muitos indivíduos "religiosos" que não têm experiências e vivências do sagrado, a abertura para o mistério da existência.

Outros, mesmo não sendo religiosos, desenvolvem uma profunda espiritualidade, pois honram e reverenciam a vida, têm fé, amor e esperança.

A relação com o sagrado é um modo de ver a vida, é uma atitude de reverência; é preservar, ao longo de nossa trajetória, o olhar da criança, capaz de maravilhar-se e encantar-se diante do mistério. É acolher a pureza da criança que habita nosso mundo interior e revela nossa mais profunda humanidade.

Fernando Pessoa, na voz de Alberto Caeiro, expressa essa reverência pelo simples, o acolhimento da criança que vive em nosso coração:

> Quando eu morrer, filhinho,
> Seja eu a criança, o mais pequeno.
> Pega-me tu ao colo
> E leva-me para dentro da tua casa.
> Despe o meu ser cansado e humano
> E deita-me na tua cama.
> E conta-me histórias, caso eu acorde,
> Para eu tornar a adormecer.
> E dá-me sonhos teus para eu brincar...

A abertura ao mistério, à pureza, à conquista da simplicidade possibilita as experiências do sagrado, o puro estado de amor. É quando voltamos a ser "crianças".

A maturidade e o envelhecimento

Amor é o que se aprende no limite,
Depois de se arquivar toda ciência
Herdada, ouvida.
Amor começa tarde.
CARLOS DRUMMOND DE ANDRADE

A cultura consumista em que vivemos valoriza a produtividade e a utilidade. Se a pessoa vive outro tipo de experiência, saindo do mercado de trabalho por aposentadoria ou outras razões, deixa de ter um espaço cultural e é jogada à margem da sociedade.

Com essa falta de lugar para as pessoas de meia-idade e os velhos, há uma tendência de nos agarrarmos e apegarmos a tudo: dinheiro, juventude, bens, saúde, relacionamentos, papéis sociais etc. Assim, não vivemos e desfrutamos da experiência em cada fase da vida, especialmente na idade madura.

No mundo contemporâneo não se valoriza a sabedoria dos velhos, que são excluídos.

Essa exclusão ética e social retira dos idosos e adultos maduros o que há de mais precioso: a própria tarefa de envelhecer, que é transmitir às gerações vindouras o saber advindo da experiência e da trajetória de vida. Essa exclusão tira dos velhos seu destino e horizonte. Faz do envelhecer uma experiência de perda de sentido.

A gravidade dessa falha cultural é imensa, pois afeta não só os velhos como os próprios jovens, que também perdem seu norte, pois, sem a memória do passado, ficam sem a memória do futuro. Envelhecer passa a ser uma ameaça de ser jogado para fora da condição humana.

Quando tudo corre bem, uma das dádivas do envelhecimento é o amadurecimento da capacidade de amar.

Em um de seus textos, Lya Luft diz que deseja em sua velhice estar em pleno exercício de seus afetos. Sem dúvida isso é possível de alcançar quando se passou a vida toda a refiná-los, a aprender a lidar consigo e com os outros, a partir e a deixar partir, a perdoar e a ser perdoado, a tolerar, a respeitar as diferenças, a valorizar as pequenas grandes coisas, a viver mudanças, travessias, transformações.

Se vivemos a vida plenamente, podemos esperar, na velhice, que tenhamos amadurecido nossa capacidade de nos relacionar, amar e ser amados.

Na velhice, acumulamos saudades, pois são muitas as perdas sofridas ao longo da vida e as memórias do já vivido. Vislumbramos o término da existência.

Na velhice, quem não ficou amargo, rígido e fechado pode viver sem tanta pressa, curtir pequenas coisas do cotidiano, como conversar com vizinhos, brincar de pipa na praia com os netos, passear com o cachorro no parque, cuidar das crianças da família, ler um bom livro, ir ao cinema e trabalhar por prazer.

Conheço idosos cheios de jovialidade, bonitos, alegres e com rosto de velhos. Nem por isso alienados da dor de envelhecer, pois muitas são as perdas nessa fase da vida.

Em nossa cultura de reverência à juventude, habituou-se a dizer que velho bem resolvido é aquele que não aparenta a idade.

Nossa cultura tenta transformar rostos em caras, em máscaras, por meio de excesso de plásticas e apologia de corpos perfeitos e jovens. O limiar entre autocuidado e fuga do envelhecimento nem sempre é percebido.

As marcas e as rugas compõem um rosto vivo, que é diferente de uma cara, que é padronizada, congelada, a mesma para todos.

As caras são a tentativa de apagar a memória da vida, relacionadas com a passagem do tempo e com o que se viveu, com as emoções, os sentimentos, as conquistas, os aprendizados, os sofrimentos. Uma cara revela a ausência de nós mesmos.

Com isso, as gerações jovens perdem, dia a dia, a experiência de conviver com os avós, o que em outros tempos significava ser sábio, transmitir o saber adquirido, as histórias da família, seus erros, acertos, gestos heroicos, batalhas e conquistas.

Encontramos, cada vez mais, pais e mães idosos que não alcançam a condição de avós. A sabedoria ancestral está se perdendo, a memória do humano também, e vamos nos tornando um povo sem tradição, portanto sem futuro.

Em nossa cultura, cada vez mais, os velhos não podem ceder espaço aos jovens, pois não têm para onde ir. Acabam agarrando-se aos papéis sociais, às posições alcançadas, interrompendo o processo de transformação, que implica a tarefa de deixar heranças, de desocupar os lugares ofertando a sabedoria adquirida. Permanecem imaturos e fixados em posições anteriores, sem realizar as tarefas do envelhecimento.

Os velhos são considerados muitas vezes estorvos, são tratados como crianças, como *infantiloides*, ou como pessoas ultrapassadas, que nada têm a contribuir com o que está aí. E muitos se colocam também nessa posição.

A velhice tem suas peculiaridades, sendo natural, nessa fase, que as pessoas se recolham com maior frequência e tenham um contato mais profundo com sua interioridade, vivendo em um ritmo mais lento, pois já não dispendem tanta energia nem têm muita para tanta atividade. Também não estão tão interessadas em conquistas, sucesso, competição, aprovação, autoafirmação, o que não quer dizer que não possam ter sonhos, metas, horizontes e sentidos.

Hosukai (*apud* Luft, 2003), o pintor japonês, revela esse olhar que mira o horizonte:

> Desde os 6 anos tenho mania de desenhar a forma das coisas. Aos 50 anos, publiquei uma infinidade de desenhos. Mas tudo o que produzi antes dos 70 não é digno de ser levado em conta. Aos 73 anos, aprendi um pouco sobre a verdadeira estrutura da natureza dos animais, das plantas, dos pássaros, dos peixes e dos insetos. Com certeza, quando tiver 80 anos, terei realizado mais progressos; aos 90, penetrarei nos mistérios das coisas; aos 100, por certo, terei atingido uma fase maravilhosa e, quando tiver 110 anos, qualquer coisa que fizer, seja um ponto ou uma linha, terá vida.

Na velhice, os valores da vida interior, da quietude, da relação com o sagrado se acentuam, e essa vivência é fundamental para saber se despedir da vida.

Há muito que ser vivido na velhice, como em qualquer outra fase. Mas as descobertas são outras, bem como os desafios, os obstáculos e as conquistas.

A capacidade de despedir-se é alcançada quando o velho se volta para dentro, desconstroi o ego, retirando-se aos poucos. Mas há diferenças entre se recolher e se isolar, entre ser egoísta e ter individualidade, entre ficar triste e ficar de mal com a vida e experimentar certa melancolia e saudade naturais. O velho é outonal, crepuscular, caminha para o inverno da vida, para a noite da existência, e sua beleza é diferente da beleza do verão ou da primavera, como no jovem.

Há muitos velhos que usam a idade para justificar seu egocentrismo, sua falta de delicadeza, suas chantagens emocionais, para tirar vantagens pessoais e destilar perversidades. E isso não tem nada que ver com velhice, mas com caráter, com amadurecimento, com capacidade amorosa e com o processo de uma vida inteira.

As pessoas morrem como vivem. Uma pessoa perversa e destrutiva não vai mudar só porque ficou "velhinha". Hoje é bastante comum nas páginas de jornais observarmos quadrilhas de sequestradores e traficantes de drogas chefiadas por idosos. Há em muitas famílias um jogo de culpa e cobrança estabelecido por idosos que manipulam os demais em nome da velhice. Muitas pessoas idosas adoecidas em sua humanidade manifestam sintomas variados e não relacionados à velhice.

Nossa cultura é carregada de preconceito e paternalismo quando se trata de velhice. Essas perspectivas refletem distorções, pois não correspondem à realidade da condição humana; muito pelo contrário, refletem faltas éticas e adoecimento da própria cultura.

Se levamos uma vida na qual os afetos e o crescimento pessoal tiveram alguma importância, é provável que nos tornemos velhos sábios. Seremos boas companhias e amados, nem que seja por nós mesmos. Se tivemos até então uma vida vazia, desprovida de significados, é possível que nos tornemos velhos amargos, ressentidos, perversos, em um eterno papel de vítima, ou que tentam a todo custo parecer jovens.

A velhice pode ser um tempo de amorosidade, humildade e abertura. Como nos diz Lya Luft nesta bela passagem:

> Nesta casa de agora, afetos essenciais me povoam. Não há isolamento. Amigos de qualquer idade também vêm me ver. Alguns por assuntos triviais e alegres. Outros por angústias severas com as quais na juventude eu certamente não saberia lidar. Na maior parte das vezes não sei o que lhes dizer: nenhuma sugestão, nenhuma frase brilhante. Mas talvez sintam que a esta altura vi, vivi, ouvi, observei muita coisa.
>
> Pouco me espanta.
>
> Quase nada me choca.

Tudo me toca, me assombra e me comove: o mais cotidiano, e o mais inusitado. Tudo forma o cenário e o caminho. Que a maturidade me fez amar com menos aflição e quem sabe menos frivolidade – não menos alegria.

A velhice pode ser o tempo completo, com gosto de beleza e gratidão, de realização e cumprimento da existência, com consciência da finitude e, ao mesmo tempo, com a abertura para o término da vida e para o mistério da eternidade, como diz o sábio Rubem Alves:

> Eternidade não é o tempo sem fim. Tempo sem fim é insuportável. Já imaginaram uma música sem fim, um beijo sem fim, um livro sem fim? Tudo o que é belo tem de terminar. Tudo o que é belo tem de morrer. Beleza e morte andam sempre de mãos dadas. Eternidade é o tempo completo, esse tempo do qual a gente diz: "Valeu a pena".

Na vida de um casal, envelhecer junto é defrontar com essas e tantas outras questões complexas; é fazer companhia e desfrutá-la para as vivências de passagens, crises naturais e para as experiências características do envelhecimento. É lidar, cotidianamente, com a possibilidade e a proximidade da morte, própria e do parceiro, uma das provas mais dolorosas do percurso humano.

Embora o sofrimento aconteça, é possível alcançar serenidade e gratidão pela vida e pela presença de amor que nos foi ofertada pelo outro e pela própria vida. É quando nos entregamos, quando nos tornamos *plenamente* humanos.

O amor é a entrega ao mistério.

O amor transcende a morte...

Parte IV

Laços, nós e a travessia do sofrimento: uma palavra sobre ajuda e relações terapêuticas

Algumas reflexões sobre ajuda e relações terapêuticas

> *... Só meu sofrimento me instrui,*
> *Quando me recordo de mim...*
> *E toda mágoa se dilui,*
> *Restando a vida sem fim.*
>
> CECÍLIA MEIRELES

Em nosso país e em nossa sociedade, a ajuda terapêutica, como a psicoterapia, ainda é considerada por muitos coisa para loucos ou fracos, artigo de luxo, ou signo social.

Felizmente, nos dias de hoje, essa mentalidade tem se modificado, e o acesso à psicoterapia e a outras formas de trabalhos terapêuticos é possível a todas as camadas sociais. O sofrimento psíquico passou a ser levado em consideração pelas instâncias cabíveis e pelas políticas públicas.

A ajuda terapêutica é uma oferta da própria cultura para lidar com suas faltas e falhas. Ela nos dá, muitas vezes, a possibilidade de criarmos e encontrarmos referências para viver e desenvolver plenamente nossa humanidade.

As relações terapêuticas podem nos ajudar a constituir em nós o que não foi constituído e a dissolver os impedimentos do processo natural de crescimento e realização. Além disso, o trabalho terapêutico pode nos ajudar a encontrar o sentido de nossa trajetória pessoal, tornando a vida uma criação.

Em uma relação terapêutica não encontramos respostas prontas. Mas há possibilidade de criarmos um modo próprio de viver, único, o que caracteriza uma vida que se realiza.

Quando colocamos nosso processo de realização em marcha, desenvolvemos sabedoria e alegria de viver.

Viver inclui a angústia de crescer, de renunciar, de envelhecer, de adoecer e de morrer. A vida é um ato de coragem, pois, como dizia Riobaldo, nosso herói de *Grande sertão: veredas*, "Viver é muito perigoso".

Pedir ajuda é um ato de coragem.

O processo de autoconhecimento, que inclui a consciência e a travessia por nosso sofrimento fundamental, implica a presença e o auxílio de outras pessoas.

Sofrimentos psíquicos muito profundos nos paralisam e podem impedir o desenvolvimento de relações íntimas, já que inviabilizam experiências de compartilhamento. Não só as relações íntimas se tornam prejudicadas, mas toda nossa vida fica empobrecida, já que perde sua fluidez.

Aprendi com meus pacientes que não há verdades absolutas e soluções que sirvam para todas as pessoas e para os diversos relacionamentos humanos.

Cada pessoa lida de modo particular com os acontecimentos de sua biografia, mas todos podemos aprender a atravessá-los recriando nosso destino.

Relações hospitaleiras ajudam-nos a acolher o sofrimento: o sofrimento inerente à condição humana, o sofrimento advindo de nossa biografia e o sofrimento em forma de mal-estar contemporâneo, que são diferentes registros do sofrimento humano e podemos aprender a discriminar.

Um trabalho terapêutico por excelência busca, fundamentalmente, a constituição dessa morada acolhedora, para que a pessoa, por meio da relação com o terapeuta, encontre um "lugar" no mundo, a partir de um sentido de si mesma, e possa realizar sua jornada pessoal sem obstruções.

Um dos trabalhos importantes em um processo terapêutico é a consciência e a passagem pelo sofrimento advindo de nossa biografia.

É necessário que em algum momento de nossa história resgatemos nossos aspectos feridos e possamos encontrar espaço para sentir e sofrer. O sofrimento revela ausências, faltas, e pode nos indicar o caminho e a direção, desde que não fiquemos aprisionados por ele.

Toda dor, mágoa, raiva, revolta, todo medo ou tristeza, quando compartilhados em uma relação significativa, podem ser atravessados, ultrapassados. Podem se tornar memória, partes de nós, de nossa história e identidade, mas não mais aprisionamento, detenção e fatalismo. Nossos sofrimentos, quando conscientizados e compreendidos, tornam-se sabedoria. Como diz Cecília Meireles: "... meu sofrimento me instrui...".

No processo terapêutico vamos buscar um sentido para o sofrimento. Um sofrimento que tem um sentido pode ser suportado e atravessado; enquanto sofrer sem sentido torna-se uma impossibilidade, passa a ser agonia, pois é infinito e aterrorizante.

Se há sofrimento em nossa vida, podemos compreender qual é o seu sentido, que faltas revela, para onde aponta e como nos posicionaremos *agora*.

Na terapia, nossa porção adulta poderá conduzir a criança ferida que carregamos para um lugar terno e seguro dentro de nós mesmos, onde ela será ouvida, cuidada e atendida. Onde sofrer tenha lugar e também possa cessar, para dar espaço a novas experiências e possibilidades. Podemos aprender a viver no presente.

Quando construímos essa morada interior, é possível compartilhar nossa vida com alguém sem torná-lo depositário de expectativas irrealizáveis, como nos dar cuidado e satisfação. Podemos nos tornar anfitriões e hospitaleiros com os demais, pois haverá o que oferecer. Podemos também nos tornar humildes e gratos, pois saberemos reconhecer e receber o que os outros têm a nos ofertar.

O amor é inclusão de todas as nossas facetas e daquelas que estão por surgir, pois enquanto estamos vivos transformamos e somos transformados. A inclusão de nosso sofrimento, de nossas fragilidades e vulnerabilidades, nos fortalece, nos torna mais sensíveis, ternos e amorosos.

É preciso ter a capacidade de reconhecer quando a nossa relação amorosa por si só não dará conta das tarefas que precisamos empreender, podendo sofrer e até sucumbir diante de nossas dificuldades pessoais; as dificuldades dos parceiros podem inviabilizar uma relação potencialmente amorosa.

A exigência de ter de resolver os problemas sozinho precisa ser questionada, pois parte de um princípio de isolamento ilusório. O "conhece-te a ti mesmo" inclui o outro. E esse outro pode ser um parceiro amoroso, um amigo, um irmão, e às vezes precisa ser um psicoterapeuta porque, por mais bem-intencionado que um parceiro seja, não dará conta nem saberá ajudar quando há sofrimentos psíquicos e impedimentos profundos.

Não quero dizer que não somos responsáveis por nossos problemas ou não devemos conquistar autonomia e independência; ao contrário, ser capaz de cuidar de si mesmo é a demanda da vida adulta e da possibilidade de autorrealização. Mas isso é muito diferente de ser autossuficiente, de achar que somos capazes de viver ou crescer sem ajuda.

É um equívoco também imaginar que só porque nosso parceiro nos ama dará conta de dificuldades emocionais e relacionais. Essa é uma forma de sobrecarregar a relação e criar expectativas irrealistas sobre ele, pois algumas dificuldades de ordem ética, existencial, emocional e afetiva precisam ser tratadas em uma relação de natureza terapêutica.

Se não tomamos consciência de nossa necessidade de ajuda, podemos projetar em nosso parceiro o papel de terapeuta, criar vínculos de dependência ou permanecer defendidos, distantes e isolados, o que certamente destruirá a possibilidade amorosa.

Isso não quer dizer que não possamos nos ajudar emocionalmente em nossas relações amorosas. A questão é quando nos tornamos dependentes ou autossuficientes em relação ao nosso parceiro.

As consequências da autossuficiência são, muitas vezes, devastadoras, na medida em que a pessoa se priva de viver relações de intimidade e cumplicidade nas quais um real senso de confiança e solidariedade esteja presente.

Todos nós somos vulneráveis, vulnerabilidade que, em algum momento da vida, torna-se mais explícita, seja quando adoecemos, seja quando perdemos algo ou alguém importante, quando enfrentamos crises pessoais, mudanças significativas, dificuldades etc.

Contar com alguém, compartilhar, encontrar um ombro ou um colo para se aconchegar são experiências muito importantes. Dar e receber consolo é fundamental. Possibilita viver as tormentas inevitáveis de nossa travessia com amor, acolhimento e amparo.

Receber acolhimento e amor em momentos pessoais difíceis não é sinal de fraqueza ou dependência, mas de humildade e humanidade.

Os fortes aceitam ajuda. Os fortes têm consciência da própria fragilidade e não "brigam" com ela.

A autossuficiência, no fundo, revela certa dose de ingenuidade. Há um ego forte em jogo, dividido, exigente e "superior". Em geral, a pessoa que tenta manter a autossuficiência ou foi muito exigida e privada de acolhimento quando estava frágil, ou desenvolveu grande dependência dos demais, conseguiu superá-la e agora luta para evitá-la, sem perceber que, como antes, está polarizada no outro extremo, ou ainda revela pouco contato com seu aspecto desamparado, que permanece sombrio e pouco conhecido.

A pessoa que por motivos diversos desenvolveu excessiva independência ou autossuficiência, no fundo, sofre e sente medo. Tem dificuldade de receber amor, ajuda ou solidariedade, pois confunde sua necessidade afetiva com fraqueza. Sente-se ameaçada pela vulnerabilidade, que precisa ser conscientizada, vivenciada e acolhida.

A consciência da própria vulnerabilidade traz um sentimento de inteireza, proximidade e intimidade com as pessoas significativas, bem como a capacidade de se relacionar de forma mais humana e empática com os mais distantes. A consciência de que somos precários nos faz livres e solidários.

Em outro extremo, há pessoas que não confiam na própria capacidade de crescer, cuidar de si mesmas, ficar satisfeitas na própria companhia etc.

Certas pessoas desenvolvem um profundo senso de observação sobre as necessidades/expectativas dos outros e tendem a agir e se relacionar tentando atender às demandas alheias. Claro que há um aspecto saudável nessa atitude, que possibilita enxergar e considerar o outro. O problema é quando essa tendência se torna um padrão e a pessoa passa a defender-se e a proteger-se de suas experiências de diferença, minimizando-as para mascarar conflitos e confrontos.

Em um processo de terapia precisamos muitas vezes ajudar a pessoa a "limpar" os olhos e os ouvidos, para que possa perceber-se como se fosse pela primeira vez.

É necessário, por vezes, ajudá-la a resgatar o "olhar da criança", para libertar-se das imagens distorcidas e dos sentimentos de inadequação e autorrejeição. Muitos se percebem através de lentes opacas, sujas, que parecem "coladas" aos olhos. Por isso, a maioria das pessoas com problemas de autoestima costuma se perceber pelas lentes do preconceito, da crítica, da inadequação, dos rótulos, das exigências, das expectativas, do desvalor, da superioridade ou da inferioridade etc.

Trabalhamos na terapia para que a pessoa possa resgatar a sensibilidade de olhar, ouvir, tocar, degustar para relacionar-se com o mundo e consigo mesma de forma direta, sem as distorções provocadas por imagens mentais de si mesma, que foram se constituindo ao longo da vida.

Quando existem obstáculos à nossa percepção, ficamos confusos, inseguros e insatisfeitos, desprovidos de um claro senso de nós mesmos, o que certamente prejudicará nossos relacionamentos nas diferentes esferas da vida e poderá nos levar a adoecer.

Muitos dos sintomas que apresentamos, físicos e/ou psíquicos, revelam quase sempre ausências, estagnações ou obstruções em nosso processo de crescimento.

Os sintomas podem expressar necessidades psíquicas não percebidas ou atendidas. Eles sinalizam nossas faltas e nossos excessos, chamando-nos para atentarmos a nossas prioridades que nem sempre somos capazes de discriminar.

No processo terapêutico vamos procurar "ouvir" os sintomas, as repetições e os padrões, em vez de simplesmente fazê-los desaparecer. Embora os sintomas provoquem sofrimento, eles são a porta de entrada para a cura, pois apontam caminhos para a compreensão de necessidades não conscientizadas e atendidas.

O sintoma pode se manifestar como uma dificuldade em relacionamentos, como ansiedade generalizada, insônia ou dor de estômago; pode aparecer como medo de falar em público, desânimo, tédio ou falta de sentido na vida.

Claro que é importante haver uma avaliação médica quando necessário, e o profissional qualificado saberá encaminhar a pessoa para que o faça. Concomitantemente, procuraremos compreender o que a sabedoria do organismo tenta comunicar em sua própria forma de adoecer.

Assim, não trabalhamos simplesmente para eliminar sintomas; buscamos compreender o significado do sintoma, a necessidade insatisfeita e as formas e os caminhos para a satisfação. "Retirar" simplesmente um sintoma é prestar um desserviço ao outro, pois significa ignorar o todo e o fato de que o sintoma é uma tentativa de manutenção e equilíbrio dessa totalidade.

Os sintomas podem revelar necessidades como chorar, respirar profundamente, rir; podem pedir atenção, amor, acolhimento. Outros revelam a necessidade de soltar-se, relaxar, desfrutar. Alguns sintomas nos pedem que assumamos responsabilidade, corramos riscos, respeitemos nossos limites ou reconheçamos nossos recursos.

Muitos sintomas revelam o esgotamento de uma forma de viver que precisa ser mudada. Outros indicam a necessidade de expressar sentimentos, comunicar necessidades e desejos.

Há sintomas que denotam sobrecargas, excessos, contaminações que denunciam peso, sufocamento, falta de espaço. Outros apresentam exigências, perfeccionismo, onipotência ou impotência. Existem também os que revelam sentimento de abandono, desamparo, solidão, impossibilidade de repousar.

Os sintomas podem nos contar sobre o empobrecimento de nossas relações e do contato humano; às vezes, denunciam a ausência de relacionamentos significativos ou de sentimentos de valor e importância. Há perdas que podem não ter sido conscientizadas e elaboradas, dores não expressas e feridas não cuidadas.

Sintomas podem significar a falta de eco humano para a própria existência, revelar fragilidades que precisam ser acolhidas amorosamente e forças criativas desconhecidas sem espaço de expressão.

A gama de possibilidades é, então, imensa; o mesmo sintoma em duas pessoas distintas pode significar vivências e necessidades diferentes. O importante é que cada um de nós decifre as mensagens contidas nos próprios sintomas, pois eles são a possibilidade de retornarmos a nós mesmos mais lúcidos e plenos. Os sintomas denunciam que estamos partidos, divididos, separados de nós mesmos e/ou dos outros.

Mas não nos esqueçamos de que adoecer é parte da existência e de que nenhum de nós é plenamente saudável.

O caos e a ordem são polaridades de nossa existência. Somos seres de crises; dificuldades fazem parte da vida e possuímos carências de várias ordens. Só seremos capazes de lidar com as adversidades à medida que buscarmos em nós mesmos e no mundo os recursos que nos capacitem a lidar com as situações complexas que nos são apresentadas.

Se há carências, precisamos encontrar em nós mesmos o que nos supre ou desenvolver a capacidade de buscar no mundo os recursos que nos são necessários.

Não somos vítimas da existência. Não somos onipotentes e estamos sujeitos a fatalidades, mas podemos escolher como responder às situações.

Podemos procurar nossa parcela de responsabilidade nos acontecimentos, nos relacionamentos, em nossos sucessos e fracassos, em nossa ignorância e desenvolver sabedoria. Muitas vezes precisamos aprender a aceitar a realidade, pois nem tudo está em nossas mãos.

Nosso mundo interior é como um imenso palácio, repleto de câmaras, túneis, salões, porões, quartos, jardins, torres, masmorras, portas, portões, grades, entradas secretas, fontes, poços e calabouços, e se não tomarmos cuidado podemos nos perder por lá.

Há palácios magníficos, bem cuidados, aconchegantes, seguros, quentes e belos. Há palácios maravilhosos, mas abandonados, cheios de teias de aranha, poeira e fantasmas.

Outros são belos por fora, mas vazios, sem vida e calor. Existem palácios saqueados, terras de ninguém, tristes e pesados. Há construções que foram abandonadas ainda em suas fundações, e nem sequer podem abrigar alguém.

Nosso mundo interior é uma espécie de morada, mais ou menos cuidada por quem a habita. Pode haver calor, aconchego e vida, ou aridez, abandono e descuido.

Há pessoas que se confinam em um pequeno canto dentro de si mesmas, vivem de maneira miserável, sem consciência da própria riqueza. Ocupam pouco espaço, quando há uma imensidão a seu redor; vivem na carência quando são donas de um palácio, pois não tomaram posse de si mesmas. Outras vivem sem a possibilidade de recolher-se, pois sua construção é rudimentar e não oferece segurança e abrigo.

Outras acumulam sujeira, pó, vivem com muito pouco, dão muito pouco a si mesmas e aos outros, carregam pesos desnecessários e carecem de um sentido de abundância, capacidade e merecimento.

Nossas relações originais podem ter ligação com esses vazios, mas é possível desenvolver, ao longo da vida e do trabalho pessoal, aceitação, perdão e gratidão autênticos por nossos pais, quando nos tornamos sensíveis às nossas fragilidades, e crescer com base nas experiências; nossas feridas nos capacitam a perceber que todos os outros seres humanos também têm suas dores e dificuldades e nos ofertaram o que lhes foi possível.

A consciência de nossas feridas nos humaniza. Dissolve a intolerância e a exigência. Abre-nos para amar os demais como eles podem ser, e não como gostaríamos que fossem.

Durante nosso percurso, descrevi inúmeras situações pessoais e relacionais que podem sinalizar a necessidade de ajuda terapêutica.

Ao tratar do relacionamento íntimo, é inevitável que consideremos crises, dificuldades, conflitos, pois eles serão, sem dúvida, revelados.

Sempre manifestaremos nossas carências nos relacionamentos. O problema é quando essas dificuldades nos impedem de nos relacionar, ou empobrecem a qualidade de nossos vínculos. Quando os nós relacionais nos aprisionam e paralisam. Quando estamos impedidos de criar laços significativos.

Essa é a função de uma relação terapêutica: resgatar o fluxo natural de nosso processo de realização para que nossa vida alcance um sentido criativo no convívio com outras pessoas.

Isso se dá a partir do amor, que, exilado, se revela em forma de sofrimento e se expressa muitas vezes por meio de sintomas, que sinalizam nosso estado de divisão e adoecimento.

A relação com um terapeuta amoroso, com uma pessoa amorosa, ajuda-nos a "voltar para casa", a criar raízes nas relações humanas, a conhecer e a integrar nosso mundo interior, para poder habitá-lo e oferecer hospitalidade aos semelhantes.

Tendo para onde voltar, podemos nos aventurar e viver. Compreendemos que a vida é uma viagem e entregamo-nos ao mistério incondicionalmente, guiados por nossos valores fundamentais, a despeito do sofrimento da condição humana. Esse gesto de devoção e entrega é puro amor.

No fim de uma relação terapêutica, como em qualquer relação amorosa, não haverá amor doado ou recebido. Haverá apenas amor.

Abertura e entrega ao mistério da existência, reveladas no encontro com o outro.

Voltando a Riobaldo, de *Grande sertão: veredas*, em sua simplicidade e sabedoria: "Amor vem de amor".

Gostaria de finalizar esta reflexão sobre o amor com uma passagem do filme *Zorba, o grego*, descrita por Leloup:

> Depois de Zorba ter trabalhado, gasto todo seu dinheiro na construção de uma mina, gasto todas as suas forças nessa construção, no dia da inauguração tudo desmorona. É o absurdo. Para construir aquela obra ele investiu todo seu amor, toda sua inteligência e o desmoronamento traz o fracasso, a falência. O filme mostra bem esse momento de hesitação em que Zorba pode se tornar louco, louco de dor, louco pelo absurdo, a ponto de despedaçar seu rosto numa pedra. Em seguida nota-se em seu olhar uma espécie de relâmpago e ele começa a dançar o sirtaki. O exemplo de Zorba pode nos iluminar, pois ele aceitou o absurdo e o fracasso. Nesse momento de aceitação, Zorba

ultrapassa o fracasso e o absurdo e pode dançar sobre as ruínas de seu sonho [...]

[...] a sabedoria de Zorba indica que não será a necessidade que terá a última palavra, nem a guerra nem a violência terão a última palavra.

Contra todas as evidências, o amor terá a última palavra.

Referências bibliográficas

ALVES, R. *As cores do crepúsculo*. Campinas: Papirus, 2001.

_____. *O retorno eterno*. Campinas: Papirus, 1996.

_____. *Transparências da eternidade*. Campinas: Verus, 2002.

ANDRADE, C. D. de. *Alguma poesia*. Rio de Janeiro: Record, 2005a.

_____. *Declaração de amor*. Rio de Janeiro: Record, 2005b.

BURKHARD, G. *Tomar a vida nas próprias mãos*. São Paulo: Antroposófica, 2000.

CAMPBELL, J. *Reflexões sobre a arte de viver*. São Paulo: Gaia, 2003.

CARDELLA, B. H. P. *O amor na relação terapêutica*. São Paulo: Summus, 1994.

CHOPRA, D. *O caminho para o amor*. Rio de Janeiro: Rocco, 1999.

CREMA, R. *Antigos e novos terapeutas*. Petrópolis: Vozes, 2002.

DOSTOIEVSKI, F. *Obra completa*. Rio de Janeiro: Nova Aguillar, 1995.

FROMM, E. *A arte de amar*. Belo Horizonte: Itatiaia, 1990.

GIBRAN, K. *O louco*. Rio de Janeiro: Associação Cultural Internacional Gibran, s/d.

_____. *O profeta*. Porto Alegre: L&PM, 2002.

HANH, T. N. *Cultivando a mente de amor*. São Paulo: Palas Athena, 2000.

_____. *Ensinamentos sobre o amor*. Rio de Janeiro: Sextante, 2005.

190 | Beatriz Helena Paranhos Cardella

JOHNSON, R. *We: a chave da psicologia do amor romântico*. São Paulo: Mercuryo, 1987.

KRISHNAMURTI, J. *Sobre o amor e a solidão*. São Paulo: Cultrix, 1993.

KUBLER-ROSS, E. *A roda da vida*. Rio de Janeiro: Sextante, 1998.

LELOUP, J. Y. *Além da luz e da sombra*. Petrópolis: Vozes, 2004.

LUFT, L. *Para não dizer adeus*. Rio de Janeiro: Record, 2005.

_____. *Pensar é transgredir*. Rio de Janeiro: Record, 2004.

_____. *Perdas e ganhos*. Rio de Janeiro: Record, 2003.

MEDEIROS, M. *Coisas da vida: crônicas*. Porto Alegre: L&PM, 2005.

MEIRELES, C. *Antologia poética*. Rio de Janeiro: Nova Fronteira, 2001.

MORIN, E. *Amor, poesia, sabedoria*. Rio de Janeiro: Bertrand Brasil, 2005.

MURARO, R. *Amor de A a Z*. Rio de Janeiro: Sextante, 2003.

NERUDA, P. *Presente de um poeta*. São Paulo: Vergara & Riba, 2001.

PAZ, O. *A dupla chama: amor e erotismo*. São Paulo: Siciliano, 1994.

PESSOA, F. *O eu profundo e outros eus*. Rio de Janeiro: Nova Fronteira, 2006.

_____. *Poesia completa de Alberto Caeiro*. São Paulo: Companhia das Letras, 2005.

_____. *Poemas*. Rio de Janeiro: Nova Fronteira, 1985.

_____. *Poemas de amor*. Rio de Janeiro: Ediouro, 2004.

PRADO, A. *Cacos para um vitral*. Rio de Janeiro: Record, 2006.

_____. *Poesia reunida*. São Paulo: Siciliano, 1991.

ROMERO, E. *As formas da sensibilidade*. São José dos Campos: Della Bídia, 2002.

ROSA, J. G. *Grande sertão: veredas*. Rio de Janeiro: Nova Fronteira, 2001.

SCHOEPFLIN, M. *O amor segundo os filósofos*. Bauru: Edusc, 2004.

www.gruposummus.com.br